Kreatives Gestalten

Texte und Materialien für den Unterricht

Kreatives Gestalten

77 Ideen rund um Zeichnen, Malen und Collage

Von Katja Spitzer

Reclam

RECLAMS UNIVERSAL-BIBLIOTHEK Nr. 15079
2020 Philipp Reclam jun. Verlag GmbH,
Siemensstraße 32, 71254 Ditzingen
info@reclam.de
Gestaltung: Cornelia Feyll, Friedrich Forssman
Druck und Bindung: Elanders Waiblingen GmbH,
Anton-Schmidt-Straße 15, 71332 Waiblingen
Printed in Germany 2026
RECLAM, UNIVERSAL-BIBLIOTHEK und
RECLAMS UNIVERSAL-BIBLIOTHEK sind eingetragene Marken
der Philipp Reclam jun. GmbH & Co. KG, Stuttgart
ISBN 978-3-15-015079-5
reclam.de

Inhalt

Teil III: Zeichnerisches Erfinden

Teil IV: Serien und Bildgeschichten

Teil V: Exkursionen/Unterwegs

Vorwort

Wie viele Kinder habe ich sehr gerne gemalt und gezeichnet. Allerdings war ich schnell frustriert, wenn es darum ging, etwas möglichst naturgetreu abzuzeichnen. Landschaften und Blumenstillleben sind Motive, die ich bis heute erfolgreich meide. Schnell steht uns beim Zeichnen der Perfektionismus im Weg.

Die 77 Übungen in diesem Buch verfolgen deshalb einen anderen Ansatz. Sie setzen auf Neugier, Fantasie und Originalität statt Perfektionismus. Sie laden ein zum Erfinden und zum kreativen Ausprobieren. Es ist nicht schlimm, wenn dabei die Perspektive nicht unbedingt stimmt. Und ein gezeichnetes Porträt sollte meiner Meinung nach dabei auch überhaupt nicht aussehen wie ein Foto.

Die Aufgaben in diesem Buch möchten vielmehr Schülerinnen und Schülern, Studentinnen und Studenten und anderen Kreativen Spaß machen und sie auf neue Ideen bringen.

Katja Spitzer

Zur Motivation

Als Schülerin fand man mich immer zu verspielt. Glücklicherweise konnte ich dann einen verspielten Beruf ergreifen. Seither hege ich den Verdacht, dass der Mensch im Spielmodus mehr oder doch mindestens genauso gut lernt wie im absichtsvollen Lernmodus. Ob das für Schaffner, Busfahrer, Internisten und Computerspezialisten auch gilt, weiß ich nicht, aber für Künstler gilt es in jedem Fall.

Wenn ich unterrichte und lehre, wird viel gespielt und dabei ganz aus Versehen Wesentliches gelernt: Konzentration, Selbstvergessenheit, Um-die-Ecke-Denken, Schönes erkennen, Überflüssiges weglassen, Fehler machen und zulassen, Humor, Klugheit, Erzähl- und Zeichentechniken, Komposition … All das sind Voraussetzungen für gute Bilder und Geschichten. Und auch für ein gutes Leben.

Jutta Bauer, Illustratorin und Autorin

Teil I

Aufwärmübungen und Kreativspiele

(1) Eine Postkarte geht auf Reisen

Einsatz: Unter-, Mittel-, Oberstufe
Arbeitsform: Gruppenarbeit
Zeit: 15–25 Minuten
Material: Blankopostkarten oder zugeschnittenes Zeichenpapier (DIN A6), schwarzer Fineliner, schwarzer und roter Filzstift oder Marker, grauer Filzstift, gelber Buntstift und weitere Farben, Bleistift, Lineal

Wir starten mit einer Gruppenarbeit. Am besten funktioniert die Übung, wenn ihr euch im Kreis um einen Tisch setzt. Jeder erhält eine Blankopostkarte.

- Einigt euch auf ein Format (hoch oder quer) und zeichnet zunächst mit einem schwarzen Filzstift eine Linie (egal, ob horizontal oder vertikal, lang oder kurz) oder ein Gekritzel. Wenn ihr fertig seid, könnt ihr die Postkarte an eure Nachbarin oder euren Nachbarn weitergeben. Jeder kann die Aufgabe in seinem Rhythmus und Tempo lösen. Es ist ok, wenn es sich bei der Weitergabe ein bisschen staut.
- Ihr habt jetzt die Zeichnung eurer Nachbarin oder eures Nachbarn vor euch liegen. Ist bereits eine Form erkennbar? Ihr könnt die Linie oder das Gekritzel aufgreifen und weiterzeichnen oder dieser Zeichnung etwas Neues entgegensetzen. Wenn ihr das Gefühl habt, fertig zu sein, gebt ihr die Postkarte erneut weiter.
- Setzt einen oder mehrere Punkte mit einem roten Filzstift. Gebt dann die Karte wieder weiter.
- Zeichnet eine Figur mit einem wasserfesten schwarzen Fineliner. Ihr könnt dazu eine bestehende Form aufgreifen oder etwas Neues beginnen. Gebt die Karte wieder weiter.
- Zeichnet die von der Nachbarin oder dem Nachbarn begon-

nene Figur weiter. Ihr könnt auch etwas Überraschendes damit machen. Verwendet einen Fineliner.

- Nehmt nun einen grauen Filzstift und zeichnet drei graue Flächen (egal wie groß und wo positioniert) auf die neue Postkarte und gebt sie dann weiter.
- Ergänzt gelbe Akzente mit eurem Buntstift, wo ihr es für stimmig haltet und gebt die Karte weiter. Wenn ihr bereits das Gefühl habt, dass die Karte fertig ist, behaltet ihr sie. Ansonsten gebt ihr sie weiter. Spielt das Ganze weiter durch mit Punkten, Wörtern oder grafischen Formen, bis die Karte in euren Augen fertig ist.

Variante:

Legt eine Postkarte vor euch hin. Schließt die Augen und kritzelt die Karte mit einem Bleistift voll. Nach einer Minute gebt ihr die Postkarte an eure Nachbarin oder euren Nachbarn weiter. Auf die bereits vollgekritzelte Karte könnt ihr nun etwas mit geöffneten Augen zeichnen. Dabei kann die durchs blinde Kritzeln entstandene Form eure Fantasie anregen. Ist dort bereits eine Figur zu erkennen? Oder sieht das Gekritzel vielleicht wie eine Mondlandschaft aus?

Weitere Variante:

Legt eure Postkarte vor euch hin. Malt mit Wasserfarbe einen Kleks auf die Karte. Wenn die Farbe trocken ist, gebt sie an euren Nachbarn weiter. Schaut euch die Klekse genau an. Nehmt einen Fineliner und macht ein Monster aus den Kleksen!

(2) Ein Kleidungsstück aus der Kindheit

Einsatz: Mittel-, Oberstufe
Arbeitsform: Einzelarbeit
Zeit: 15 Minuten
Material: Zeichenpapier (DIN A4), Ölpastellkreide

Erinnere dich an ein Kleidungsstück aus deiner Kindheit. Was kommt dir als Erstes in den Sinn? Vielleicht ein kuscheliger Lieblingspullover oder eine Cordhose mit bunten Aufnähern an den Knien? Oder eine kratzige Strumpfhose, in der du immer geschwitzt hast?

Aufgabe 1:

Versuche, das Kleidungsstück so genau wie möglich zu zeichnen. Mach einmal die Augen zu und stelle es dir vor: Wie hat sich das Kleidungsstück angefühlt? Hatte es ein Muster oder eine Struktur? Welche Farbe hatte es?

Aufgabe 2:

Zeichne dich selbst als das Kind von damals mit dem Kleidungsstück. Was hat das Kind damals gemacht? Lag es auf einer duftenden Sommerwiese? Oder saß es vielleicht malend oder Kirschen essend am Küchentisch?

(3) Drei Dinge

Einsatz: Mittel-, Oberstufe
Arbeitsform: Einzelarbeit
Zeit: 15 Minuten
Material: Zeichenpapier (DIN A4), Bleistift (weich, zum Beispiel Härtegrad B)

Bei dieser Übung ist eure Fantasie besonders gefragt! Überraschende und originelle Lösungen sind willkommen. Nimm dir ein Blatt Papier und zeichne mit einem weichen Bleistift drei Dinge aus zwei der folgenden Kategorien:

Drei Dinge, …
… die unter drei Euro kosten
… die nichts kosten
… die zu teuer sind
… die eine persönliche Bedeutung für dich haben
(Lieblingsdinge)
… die rund sind
… die eckig sind
… die mit H beginnen
… die mit e enden
… die hüpfen
… die laut sind
… die mit A beginnen
… die weich sind
… die gut riechen
… die nicht gut riechen
… die leise sind
… die du auf einer Marsexpedition brauchst
… die du nicht ausstehen kannst
… die die Welt nicht braucht

… ohne die du nicht leben möchtest
… die du mit auf eine einsame Insel nehmen würdest
… die du in deiner Hosentasche finden könntest
… die du gern naschst
… die du dir wünschst
… die dich glücklich machen

(4) Das Kostüm

Einsatz: Unter-, Mittel-, Oberstufe
Arbeitsform: Einzelarbeit
Zeit: 15 Minuten
Material: Zeichenpapier (DIN A5), Fineliner, Filzstifte, Kiste für die Zettel

Nehmt euch Zettel und Stift und beschreibt euer Faschings- oder Halloweenkostüm. Das kann auch ein erfundenes Kostüm sein. Beschreibt die Farben und Details so genau ihr könnt. Faltet den Zettel in der Mitte zusammen und legt ihn in eine Kiste.

Nun zieht jeweils einen Zettel aus der Kiste und lest die Beschreibung darauf. Seht ihr das Kostüm vor euch? Zeichnet es nach der Beschreibung und seid dabei möglichst genau. Erfindet keine Details dazu.

Am Ende legt ihr alle eure Zeichnungen nebeneinander. Findest du die Zeichnung, die nach deiner Beschreibung gemacht wurde?

(5) Cadavre Exquis* – ein Wesen in drei Teilen

Einsatz: Unter-, Mittel-, Oberstufe
Arbeitsform: Gruppenarbeit
Zeit: 20 Minuten
Material: Zeichenpapier (DIN A4), schwarzer Fineliner, Filzstifte

Zusammen zeichnen wir ein Wesen, von dem wir erst am Ende wissen, wie es aussieht! Faltet ein Blatt Papier im Hochformat zweimal quer, so dass drei Teile entstehen.

Zeichnet zunächst einen Kopf mit Hals auf das oberste Drittel des Blattes. Faltet dann das Blatt nach hinten und reicht es an eure Nachbarin oder euren Nachbarn weiter. Ein kleines Stück des Halses eurer Zeichnung sollte noch sichtbar sein, so dass der nächste Zeichner weiß, wo die Figur weitergeht.

Zeichnet jetzt den Oberkörper auf das Blatt, das ihr von eurem Nachbarn bekommen habt.

Faltet den Abschnitt mit dem fertig gezeichneten Oberkörper erneut nach hinten und gebt das Blatt weiter.

Ergänzt nun auf dem dritten Blatt, das ihr erhaltet, einen Unterkörper: Beine und Füße. Am Ende faltet ihr eure Zeichnung auseinander. Vor euch habt ihr ein verrücktes Wesen, dessen Körperteile nicht recht zusammenpassen. Oder vielleicht doch?

* Dieses Spiel wurde von den surrealistischen Künstlern um André Breton erfunden und von ihnen als *cadavre exquis* bezeichnet. Dieser französische Ausdruck bedeutet im Deutschen so viel wie ›vorzügliche Leiche‹. Die Surrealisten liebten es, Überraschung und Zufall in ihre Kunst zu integrieren!

Variante:

Besonders fantasievoll sind Cadavre-Exquis-Zeichnungen, wenn ihr einfach das zeichnet, was euch in den Sinn kommt. Ihr könnt euch aber auch gemeinsam auf ein Thema festlegen, zum Beispiel: Unterwasserwesen, Märchen, Maschinen, Karneval in Venedig, Zirkus, Roboter, verrückter Zoo, Zukunft usw.

Cadavres Exquis könnt ihr auch im Querformat machen.

(6) Alter Ego: Namensanagramme

Einsatz: Unter-, Mittel-, Oberstufe
Arbeitsform: Einzelarbeit
Zeit: 25–30 Minuten
Material: Zeichenpapier (DIN A4), schwarzer Fineliner, Filzstifte

Der Begriff Alter Ego soll hier für einen anderen Teil unserer Persönlichkeit stehen. Lasst uns eine andere Version von uns (er)finden! Dazu schreibt ihr euren Namen in Druckbuchstaben auf einen Zettel und schneidet dann die Buchstaben auseinander.

Aus den einzelnen Buchstaben bildet ihr nun neue Namen. Diese Neubildungen nennt man Anagramm. Aber Achtung: Kein Buchstabe darf übrig bleiben!

Die neuen Namen können völlig verrückt sein! Aus meinem Namen Katja Spitzer kann man zum Beispiel Kai Sparjetzt und Jaakt Trizeps bilden.

Bestimmt kannst du auch aus den Buchstaben deines Namens lustige Anagramme bilden. Suche dir den schönsten Namen aus und überlege, wie jemand *aussieht*, der so heißt. Zeichne diese Person mit einem Fineliner. Du kannst dann die Zeichnung mit Filzstiften ausmalen.

Andere Möglichkeit:

Nimm dir ein DIN-A4-Blatt und zeichne viele Anagramm-Alter-Egos nebeneinander. Starte mit einem kleinen Porträt von dir mit deinem eigenen Namen. Setze die Reihe mit den Anagramm-Porträts fort. Schreibe die jeweiligen Namen unter die Porträts.

(7) Mit einem langen Stock zeichnen

Einsatz: Unter-, Mittel-, Oberstufe
Arbeitsform: Gruppenarbeit
Zeit: 30 Minuten
Material: Papier (DIN A2) oder Papierrolle (Tapete), lange Stöcke (ca. 40–60 cm, lange Holzkochlöffel gehen auch), Pinsel, Klebeband, Temperafarbe

Sucht euch Partnerinnen und Partner, mit denen ihr in Zweiergruppen zusammenarbeitet. Jede und jeder von euch hat einen Stock und einen Pinsel. Befestigt den Pinsel mit Klebeband an dem Stock, so dass der Stock eine deutliche Verlängerung des Pinsels bildet. Jedes Paar darf sich ein Thema aus der untenstehenden Liste aussuchen. Setzt das Thema zusammen auf dem Papier um. Vermeintliche Fehler dürfen in das Szenario integriert werden!

Themen:

- Zoo
- Dschungel
- Großstadt
- Botanischer Garten
- Gedeckter Küchentisch
- Aquarium
- Insekten
- Tiefsee
- Baustelle
- Supermarkt
- Weltraum

Variante:

Arbeitet in schwarz-weiß und versucht, die Szene mithilfe von Grautönen lebendig zu machen. Nutzt Schraffuren, Punkte, Muster usw.

Weitere Variante:

Benutzt zwei Farben. Jede bzw. jeder von euch entscheidet sich dabei jeweils für nur eine Farbe.

(8) Mit der ›falschen‹ Hand zeichnen

Einsatz: Unter-, Mittel-, Oberstufe
Arbeitsform: Einzelarbeit
Zeit: 15 Minuten
Material: Zeichenpapier (DIN A4), Bleistifte (weich, zum Beispiel Härtegrad B)

Aufgabe 1:

Schau dich in Ruhe in eurem Klassenraum um. Nimm dir ein Blatt Papier und zeichne drei Gegenstände, die du im Raum entdeckst. Benutze dabei die Hand, die du normalerweise nicht zum Zeichnen oder Schreiben benutzt.

Aufgabe 2:

Wenn du mit beiden Händen gleichzeitig zeichnest, trainierst du die Koordination zwischen deinen Händen und Augen. Für diese Übung brauchst du ein Blatt Papier und zwei weiche Bleistifte. Beginne mit beiden Händen einen einfachen Gegenstand zu zeichnen, zum Beispiel einen Stuhl. Du wirst sehen, dass es leichter ist, wenn jede Hand einen eigenen Stuhl zeichnet. Dabei stellst du vielleicht fest, dass sich beide Hände automatisch synchron bewegen. Es ist nämlich gar nicht so einfach, beide Hände beim Zeichnen einzeln zu koordinieren.

Beobachte mal, ob sich die Strichstärken der beiden Zeichnungen unterscheiden. Der Strich der ungeübten Hand ist oft wackeliger. Wenn du diese Übung regelmäßig wiederholst, wird die wackeligere Hand aber immer sicherer.

Herausforderung:

Möchtest du eine Herausforderung? Dann probiere doch mal, mit beiden Händen an ein und demselben Motiv zu zeichnen, zum Beispiel an einem Gesicht.

(9) Eine Linie ist eine Linie ist eine Linie

Einsatz: Unter-, Mittel-, Oberstufe
Arbeitsform: Einzelarbeit
Zeit: 20 Minuten
Material: Zeichenpapier (DIN A4), Bleistift (Härtegrad HB)

Das Grundelement der Zeichnung ist die Linie. Eine Linie kann gekrümmt, gerade, zackig, kurvig, verknäult wie Wolle, horizontal, vertikal, aufgerollt, verwickelt oder verknotet wie ein Kabel, sie kann zart, kurz, lang, dick oder dünn sein.

Nimm dir ein Blatt Papier und zeichne...
... eine Linie, die erwacht
... eine Linie, die auf Zack ist!
... eine Linie, die verwirrt ist
... eine Linie, die zögert
... eine Linie, die sich ihrer selbst sehr sicher ist
... eine Linie, die wütend ist
... eine Linie, die sanft in der Luft schwebt
... eine Linie, die sich aufzulösen scheint
... eine Linie, die stolpert und dann stürzt
... eine Linie, die in einen Sturm gerät
... eine Linie, die Walzer tanzt
... eine Linie, die zu viel gegessen hat
... eine Linie, die furchtbar friert
... eine Linie, die stark schwitzt
... eine Linie, die müde ist
... eine Linie, die schläft

(10) Farben-Battle

Einsatz: Unter-, Mittelstufe
Arbeitsform: Gruppenarbeit
Zeit: 10 Minuten pro Durchgang (es können mehrere Durchgänge gespielt werden)
Material: weiße Klebezettel, Filzstifte
Zusätzlich: Stoppuhr

Erfindungsreichtum und Schnelligkeit sind gefragt! Die Lehrperson teilt euch je nach Klassengröße in drei bis fünf Gruppen auf. Dann schreibt sie eine Farbe, zum Beispiel »grün«, an die Tafel und stellt eine Stoppuhr auf fünf Minuten.

Jede Gruppe zeichnet nun Dinge, die grün sind. So viele wie möglich! Benutzt dazu die Klebezettel. Nach fünf Minuten klebt jede Gruppe ihre Zettel auf einen für sie vorgesehenen Tafel-Abschnitt. Für jeden grünen Gegenstand erhält die Gruppe fünf Punkte. Wer einen grünen Gegenstand gefunden hat, den die anderen Gruppen nicht haben, erhält sogar zehn Punkte. Gewonnen hat die Gruppe mit den meisten Punkten.

Tipp:

Die Aufgabe ist gar nicht so einfach, wie sie klingt. Bitte zeichnet nicht einfach bei jeder Farbe Socken, denn die gibt es ja in allen Farben. Welche Dinge aber sind von Natur aus oder typischerweise grün? Wackelpudding oder ein Frosch sind meistens grün. Eine Regenjacke oder das Postauto sind meistens gelb, die Sonne erscheint oft gelb. Herzen und Rosen verbinden wir mit der Farbe Rot. Der Himmel, das Meer und Blaubeeren sind blau. Im Zweifelsfall entscheidet die Mehrheit, ob ein Begriff gelten darf.

(11) Buchpoesie mit Kreide

Einsatz: Mittel-, Oberstufe
Arbeitsform: Einzelarbeit
Zeit: 20 Minuten
Material: ausgedientes Buch, schwarze Temperafarbe, Pinsel, Kreidestifte, Bleistift

Bringt von zuhause ein Buch mit, das dort niemand mehr lesen möchte und das ihr im Kunstunterricht umgestalten dürft. Schlagt eine beliebige Seite auf. Gibt es Wörter oder Sätze, die euch ins Auge springen oder inspirieren? Oder die ihr einfach schön findet? Markiert diese Wörter dünn mit einem Bleistift. Wer mit dem Zufall spielen möchte, kann bei geschlossenen Augen einfach mit dem Finger auf eine beliebige Buchseite tippen und das Wort, das über dem Finger steht, unterstreichen. Malt die ganze Seite bis auf die ausgewählten Wörter schwarz. Lasst die Farbe komplett trocknen.

Auf die trockene schwarze Seite zeichnet ihr mit Kreidestiften intuitiv, was euch in den Sinn kommt. Lasst euch von den stehen gelassenen Wörtern inspirieren. Mit manchen Wörtern assoziiert ihr vielleicht eine versponnene Linie oder zarte Muster. Andere Wörter erscheinen womöglich stark und fordern eine kräftige Gestaltung. Ihr könnt ganze Bilder und Landschaften zeichnen oder abstrakte Linien, Punkte, Flächen oder Muster!

Tipp:

Probiert mal aus, nur zwei Farben zu benutzen. Später könnt ihr Details in einer dritten Farbe ergänzen.

(12) Gesichtsausdrücke zeichnen

Einsatz: Unter-, Mittelstufe
Arbeitsform: Einzelarbeit
Zeit: 20 Minuten
Material: stärkeres Zeichenpapier (DIN A4) oder unstrukturiertes Aquarellpapier, schwarzer Fineliner, Wasserfarbe, Pinsel
Zusätzlich: ein kleiner Spiegel

Male mit heller Wasserfarbe zwölf Kreise auf ein Blatt Papier. Die Kreise sollen eine ähnliche Größe haben und komplett ausgemalt sein.

Wenn die Farbe getrocknet ist, kannst du mit einem Fineliner Augen, Augenbrauen, Nase und Mund in jeden Kreis zeichnen. Augen können Punkte sein. Nase oder Mund kannst du in Strichen oder Kreisen zeichnen. Schon hast du ein Gesicht! Spannend sind nun die Augenbrauen: Je nachdem, wie du sie zeichnest, können sie den Charakter eines Gesichts komplett verändern! Probiere es mithilfe eines Spiegels mal aus. Wie sehen die Augenbrauen aus, wenn du erstaunt guckst? Und wie, wenn du wütend guckst?

Haare und Kopfbedeckungen brauchst du nicht zu zeichnen. Bei dieser Übung interessieren uns nur die Gesichtsausdrücke. Schaffst du es, zwölf verschiedene Gesichtsausdrücke zu zeichnen?

Brauchst du Anregungen?

Dann zeichne doch mal jemanden, der …
… sehr traurig ist
… sehr glücklich ist
… nachdenklich ist
… freundlich guckt
… lacht

… weint
… verzweifelt ist
… sehr wütend ist
… etwas listig guckt
… kichert
… kokett guckt
… aggressiv aussieht
… albern ist
… gerade einen Witz gemacht hat
… streng ist
… seriös ist
… gerade gepupst hat
… Schmerzen hat
… ein Lachen unterdrückt
… aus vollem Halse lacht
… lästert
… schreit
… zweifelt

Beobachte in einem Spiegel, ob deine eigene Mimik sich ändert, je nachdem, welche Art von Emotion/Gesichtsausdruck du gerade zeichnest.

(13) Der pinke Koddelmuff

Einsatz: Unter-, Mittelstufe
Arbeitsform: Einzelarbeit
Zeit: 45 Minuten
Material: Zeichenpapier, schwarzer Fineliner, Filzstifte

Psst! Folgende Dinge gibt es in Wirklichkeit gar nicht. Aber wenn es sie gäbe, was würden sie bedeuten und wie würden sie aussehen? Mache eine Illustration zu jedem der fett gedruckten Begriffe:

- »Wenn ich es dir doch sage, das war ein echter **Nuffnogger**.«
- »Ich habe mir heute Mittag einen **Spusselkopf** gekocht, er war so lecker!«
- »Tante Ingrid hat letzten Monat einen pinken **Koddelmuff** genäht.«
- »Ich habe gestern einen kleinen **Funeffbiff** im Wald gesehen, er hat laut gebrüllt.«
- »Am Dienstag wurde ein **Fehlfresser** in Augsburg dingfest gemacht.«

(14) Die Magie eines Namens

Einsatz: Unter-, Mittelstufe
Arbeitsform: Gruppenarbeit
Zeit: 20 Minuten
Material: Zeichenpapier, Wachs- oder Ölkreide

Überlegt euch jeweils einen richtig guten Namen für eine Protagonistin oder einen Protagonisten einer Fantasy- oder Science-Fiction-Geschichte. Schreibt den Namen auf einen Zettel. Dann tauscht ihr die Zettel mit eurer Nachbarin oder eurem Nachbarn. Welche Assoziation weckt der Name, der vor euch liegt? Überlegt euch, wie jemand mit diesem Namen aussieht, und zeichnet die Gestalt. Welche Kleidung passt zu der Figur?

Zusatzaufgabe:

Überlegt euch eine Begleiterin oder einen Begleiter für eure Figur. Das kann ein Tier, eine Pflanze, ein Mensch oder ein anderes Wesen sein. Die Begleiterin oder der Begleiter sollte visuell in die Welt der Figur passen.

(15) Collagengeschichte in drei Schritten

Einsatz: Mittel-, Oberstufe
Arbeitsform: Gruppenarbeit
Zeit: 45 Minuten
Material: Zeichenpapier (DIN A4), alte Zeitschriften, Schere, Klebstoff

Fantasie und Improvisation sind gefragt! Setzt euch in Dreiergruppen zusammen. Die Übung erfordert drei Arbeitsschritte. Nach jedem Schritt gebt ihr eure Postkarte an eure Nachbarinnen und Nachbarn weiter.

- Schritt 1: Schneide aus alten Zeitschriften insgesamt drei Protagonistinnen und Protagonisten aus. Das können Menschen, Tiere oder auch Gegenstände sein. Als Nächstes suchst du dir aus dem Text der Zeitschrift einen Handlungsort (zum Beispiel den Mond, das Wohnzimmer, den Strand) und eine Schlagzeile aus, die du interessant findest. Schneide Handlungsort und Schlagzeile ebenfalls aus. Wenn du fertig bist, kannst du dein Material an deine Nachbarin oder deinen Nachbarn weitergeben.
- Schritt 2: Auch du hast jetzt das Material deiner Nachbarin oder deines Nachbarn vor dir liegen. Erstelle eine Collage aus diesem Material. Hierfür benötigst du ein Blatt Papier und einen Klebestift. Wenn du fertig bist, gibst du deine Collage erneut weiter.
- Schritt 3: Du hast jetzt eine fertige Collage vor dir liegen. Überlege dir eine Geschichte dazu und stelle sie den anderen vor.

(16) Reizwörterwesen (Teil 1)

Einsatz: Mittel-, Oberstufe
Arbeitsform: Einzel- und Gruppenarbeit
Zeit: 10 Minuten pro Zeichnung
Material: schwarzer Fineliner, Buntstifte, Zeichenpapier

Wählt aus jeder der drei untenstehenden Kategorien gemeinsam ein Wort bzw. einen Satzteil aus und schreibt eure Auswahl untereinander an die Tafel. Zum Beispiel: Eine alte Dame / hat einen Riesenkürbis in den Händen / guckt mürrisch. Zeichnet alle ein Bild dazu. Ihr werdet erstaunt sein, wie unterschiedlich eine alte Dame, die einen Riesenkürbis in beiden Händen trägt und mürrisch guckt, aussehen kann! Es können die Begriffe aus den drei untenstehenden Listen verwendet werden; ihr könnt aber auch eigene erfinden.

Figur:

- Eine alte Dame
- Ein Hundewesen
- Ein Zwerg
- Ein Ritter
- Ein Riese
- Eine Meerjungfrau
- Eine Feengestalt
- Jemand mit grünen, krallenartigen Fingernägeln
- Ein Mann, der wie ein Baum aussieht
- Eine Meeresgestalt
- …

Beschreibung des Äußeren:

- trägt besonders schnörkelige Ohrringe
- hat einen Riesenkürbis in den Händen

- hat ein buntes Federkleid
- hat ein T-Shirt mit einem Spruch darauf an
- hat zu viel gegessen
- trägt eine Menge Gepäck und einen Hut
- hält einen Blumenstrauß in beiden Händen
- Haare und Bart stehen in alle Richtungen ab
- hat zarte, grünliche Flügel
- kratzt sich am Fell
- …

Zustand:

- lacht
- weint
- rennt
- springt
- schleicht
- isst
- trinkt
- schläft
- fliegt
- guckt mürrisch
- …

Variante:

Die Begriffe können auch auf Lose geschrieben werden. Ihr zieht jeweils ein Los aus den drei Kategorien und fertigt eine Zeichnung an.

Zusatzaufgabe:

Schaut mal die Übung 54 auf S. 87 an, dort setzen wir unsere Arbeit an den Zeichnungen fort.

Teil II

Zeichnerisches Entdecken

(17) Auf dem Kopf zeichnen

Einsatz: Mittel-, Oberstufe
Arbeitsform: Einzelarbeit
Zeit: 20 Minuten
Material: Modezeitschrift, Zeichenpapier, Bleistift (Härtegrad HB)

In Modezeitschriften gibt es oft Werbefotos für die neueste Bekleidung. Suche dir ein Bild, auf dem eine Person möglichst im Ganzen zu sehen ist. Lege diese Seite um 90 Grad gedreht vor dich hin. Dieser ungewohnte Blickwinkel lässt Dich Details viel besser wahrnehmen. Nimm dir ein Zeichenpapier und einen Bleistift. Beginne nun die Figur vom Foto abzuzeichnen. Du kannst beginnen, wo du möchtest. Wichtig ist nur, dass du konzentriert arbeitest und das Zeichnen nicht unterbrichst, sonst kommst du aus dem Rhythmus. Arbeite dich von einem Abschnitt zum nächsten. Wenn du fertig bist, drehe Zeichnung und Vorlage erneut um 90 Grad und betrachte dein Ergebnis.

(18) Ein alltägliches Objekt zeichnerisch untersuchen

Einsatz: Mittel-, Oberstufe
Arbeitsform: Einzelarbeit
Zeit: 45 Minuten
Material: Zeichenpapier (DIN A5), schwarzer Fineliner, Filzstifte

Suche dir einen einfach beschaffenen Gegenstand wie ein Wasserglas, einen Stuhl oder einen Stift. Nun lege dir drei Blätter im Format DIN A5 zurecht. Schau dir den Gegenstand deiner Wahl ganz genau an und zeichne ihn in drei verschiedenen Perspektiven. Dabei kannst du deinen Blickwinkel ändern oder das Objekt anders positionieren. Versuche, es so genau wie möglich zu erfassen. Spiegelt sich etwas im Wasserglas? Sieht man einen Stempel auf der unteren Seite des Glases? Aus welchem Material ist der Stuhl gebaut? Gibt es sichtbare Schrauben? Hat der Stift eine Kappe oder eine Beschriftung an der Seite?

(19) Ordnen und Zeichnen

Einsatz: Mittel-, Oberstufe
Arbeitsform: Einzelarbeit
Zeit: 45 Minuten
Material: Zeichenpapier (DIN A4 oder DIN A3), schwarzer Fineliner, Wasserfarbe, Pinsel

Von alltäglichen Gegenständen lassen sich hervorragend Stillleben zeichnen. Stillleben sind Kunstwerke, die unbewegte, sehr gewöhnliche Objekte zeigen, deren Kombination und Anordnung zueinander jedoch durchaus bemerkenswert sein können. Schau dir die Gegenstände in deiner Federmappe genau an. Stifte, Anspitzer, Radiergummi, Schere finden sich vielleicht darin. Zudem hast du wahrscheinlich Hefte und Bücher dabei. Außerdem vielleicht eine Brotdose mit einem belegten Brot, einen Schokoriegel, Nüsse, Obst … Vielleicht eine Trinkflasche? Sportbeutel? Schulbücher? Einen Lippenpflegestift und Kaugummis? Taschentücher? Ein kleines Portmonee mit Geld? Handschuhe? Schal? Mütze? Turnschuhe?

Wähle daraus etwa fünf bis sieben Gegenstände aus und ordne sie auf einem Tisch oder auf dem Fußboden so an, dass interessante Kompositionen entstehen. Du kannst die Gegenstände zum Beispiel nach Funktionen ordnen (Zeichensachen, Essen, Kleidungsstücke, Sonstiges …) oder nach Farbe oder Form.

Wenn du eine schöne Komposition gestaltet hast, kannst du diese auf einem Blatt Papier zeichnen. Du kannst schwarzweiß mit einem wasserfesten Stift arbeiten und später die fertige Zeichnung mit Wasserfarbe kolorieren.

(20) Was du vom Fenster aus sehen kannst

Einsatz: Unter-, Mittel-, Oberstufe
Arbeitsform: Einzelarbeit
Zeit: 30 Minuten
Material: Zeichenpapier (DIN A4), schwarzer Fineliner, Filzstifte

Schau mal aus dem Fenster. Siehst du eine Straße oder einen Hinterhof? Beobachte deine Umgebung für mindestens fünf Minuten. Entdeckst du irgendetwas Interessantes oder Ungewöhnliches? Vielleicht einen alten knorrigen Baum oder einen ausgedienten Schreibtischstuhl, den jemand zum Verschenken vor die Tür gestellt hat? Oder siehst du eine besondere Wolkenformation am Himmel?

Zeichne, was dich interessiert. Mache mindestens zwei Entdeckungen. Wer möchte, kann noch mehr machen. Du kannst auch Beschriftungen hinzufügen. Wenn ihr fertig seid, schaut euch zusammen eure Entdeckungen an.

(21) Zeichnen, was du fühlst

Einsatz: Unter-, Mittel-, Oberstufe
Arbeitsform: Einzelarbeit
Zeit: 20 Minuten
Material: Zeichenpapier (DIN A4), Bleistift (B), Radiergummi, Beutel mit Gegenständen
Zusätzlich: Tuch zum Verbinden der Augen (optional)

Die Lehrperson hat einen Beutel mit verschiedenen Gegenständen (zum Beispiel mit einem Tennisball, einer Zitrone, einem Kamm, einem Buch, einem Stift, einem Pinsel, einer kleinen Spielfigur, einem Stück Holz, einer Socke, einer Kerze, Streichhölzern, Seife, einem Stück Wolle, einer Haarspange, einem Löffel, einer Cremetube, einer Zahnbürste, einem Haargummi, einem Schraubglasdeckel, einem Schlüssel, einem Korken, einem Schwamm) mitgebracht.

Nacheinander dürft ihr in den Beutel greifen, einen Gegenstand auswählen und dem Beutel entnehmen. Dabei sollten eure Augen geschlossen oder mit einem Tuch verbunden sein. Nun dürft ihr ausgiebig tasten. Welche Form hat der Gegenstand? Ist er hart oder weich? Aus welchem Material besteht er? Wie ist die Oberfläche, spürst du eine Struktur?

Beginnt, das Objekt mit der einen Hand zu erforschen und mit der anderen Hand mit einem Bleistift zu zeichnen. Haltet die Augen immer noch geschlossen. Versucht, den Stift nicht vom Papier abzusetzen.

Wenn alle fertig sind, sammelt die Lehrperson die Gegenstände wieder ein und ihr legt die Zeichnungen auf den Boden. Könnt ihr die Gegenstände den Zeichnungen zuordnen?

(22) Strukturen zeichnen

Einsatz: Unter-, Mittel-, Oberstufe
Arbeitsform: Einzelarbeit
Zeit: 30 Minuten
Material: Zeichenpapier (DIN A3), Pinsel, schwarze Tusche

Sucht euch einen Gegenstand mit einer interessanten Struktur und bringt ihn mit in den Unterricht. Ideal sind Dinge aus der Natur wie ein größeres Stück Holz, ein schönes Blatt, ein Stein, eine Feder, ein Kiefernzapfen oder ein gemustertes Vogelei.

Legt den Gegenstand auf euren Tisch neben ein Blatt Papier. Betrachtet die Struktur genauer. Ist sie grob oder fein? Verästelt sie sich zart und bildet ein wiederkehrendes Muster? Berührt den Gegenstand mit geschlossenen Augen und fühlt die Struktur.

Beginnt nun, die Struktur mit Pinsel und Tusche zu malen. Malt nur die Struktur, nicht den Umriss des Gegenstandes. Ist euer Gegenstand klein, vergrößert ihr die Struktur. Setzt sie so fort, dass am Ende euer ganzes Blatt mit ihr ausgefüllt ist. Schaut euch eure fertige Zeichnung an: Der Gegenstand selbst, der sich durch seinen Umriss definiert, wird nicht erkennbar. Ihr habt gerade ein abstraktes Kunstwerk geschaffen.

(23) Unser heutiges Outfit zeichnen

Einsatz: Unter-, Mittel-, Oberstufe
Arbeitsform: Einzelarbeit
Zeit: 20–30 Minuten
Material: Zeichenpapier (DIN A4), schwarzer Fineliner, Stifte oder Wasserfarbe, Pinsel

Kleider machen Leute. Wir definieren uns auch durch das, was wir anhaben. Ein grüner Hut kann genauso ein Statement sein wie eine alte Jeans oder eine Lederjacke. Betrachtet euer heutiges Outfit genau und zeichnet euch mit einem Fineliner. Der Stil kann comichaft sein. Verwendet Farben und zeigt Details wie Muster, Knöpfe, Schmuck und Gürtelschnallen. Vergesst auch eure Frisur und Schuhe nicht!

Schreibt kleine Anmerkungen an die jeweiligen Kleidungsstücke. Das können zum Beispiel die Bezeichnungen der Kleidungsstücke sein oder Informationen darüber, wo ihr es erhalten habt. Es können aber auch persönliche Notizen sein, wie »Lieblingsoutfit«, »ältester Pulli« usw.

Erste Variante:

Statt dich selbst zu zeichnen, kannst du auch deine Nachbarin oder deinen Nachbar zeichnen.

Zweite Variante:

Zeichne eine ganze Woche lang deine Outfits.

Dritte Variante:

Entwerfe ein Kleidungsstück für das 22. Jahrhundert.

(24) Zeichne, was du hörst

Einsatz: Unter-, Mittel-, Oberstufe
Arbeitsform: Einzelarbeit
Zeit: 30–40 Minuten
Material: Zeichenpapier oder Skizzenbuch, schwarzer Fineliner, Bleistifte (verschiedene Härtegrade), Buntstifte, Zeichenunterlage

Aufgabe 1:

Setze dich bequem hin und mache die Augen zu. Achte genau auf die Geräusche im Raum. Lass dich von dem, was du hörst, inspirieren. Das kann das Scharren von Schuhen sein, das nervöse Kippeln eines Mitschülers, das Geräusch, das ein Stift beim Zeichnen macht, oder die Nachricht, die auf einem nicht ausgeschalteten Handy eintrifft. Öffne die Augen und zeichne zehn Minuten einfach drauflos, ohne Plan.

Variante:

Diese Übung kannst du auch mit geschlossenen Augen machen!

Aufgabe 2:

Gehe mit Stift und Papier auf den Flur oder auf den Schulhof und höre genau hin. Welche Geräusche nimmst du hier wahr?

Aufgabe 3:

Die Lehrperson bringt verschiedene Geräusche auf einem MP3-Player mit und spielt sie der Klasse vor. Das kann ein kurzes elektronisches Musikstück sein, aber auch das Geräusch einer Waschmaschine, Regengeräusche, Insektenzirpen usw. Versuche, die Geräusche auf einem Blatt Papier zeichnerisch festzuhalten.

(25) So viele Häuser

Einsatz: Unter-, Mittel-, Oberstufe
Arbeitsform: Einzelarbeit
Zeit: 30 Minuten
Material: Zeichenpapier (DIN A4), Skizzenbuch, Buntstifte, stabile Zeichenunterlage

Betrachte die Häuser, an denen du etwa auf dem Weg zur Schule oder zum Einkaufen öfter vorbeiläufst, genauer. Versuche, dir möglichst viele Gebäude und Details zu merken. Achte dabei besonders genau auf die verschiedenen Formen der Gebäude. Versuche dir die Umrisse/Konturen einzuprägen. Es gibt so viele unterschiedliche Gebäudetypen. Fällt dir eine Kirche auf? Ein Hochhaus? Ein Plattenbau? Ein Schuppen, eine Garage oder ein Geschäft?

Wie unterscheiden sich die einzelnen Gebäude? Wenn du möchtest, kannst du ein Skizzenbuch mitnehmen und bereits kleine Skizzen darin festhalten.

Zeichne diese Gebäude. Du kannst sie aneinanderreihen, so dass eine ganze Stadt entsteht. Benutze Buntstifte in zwei Farben und arbeite nur mit Konturen.

(26) Porträts

Einsatz: Mittel-, Oberstufe
Arbeitsform: Gruppenarbeit
Zeit: 45 Minuten
Material: Zeichenpapier (DIN A4), schwarzer Fineliner, stabile Zeichenunterlage

Ihr braucht ein Blatt Papier und einen Fineliner. Für diese Übungen solltet ihr zu zweit sein, denn es geht darum, sich gegenseitig zu zeichnen. Schaut euer Modell genau an, blickt nicht auf das Blatt Papier, das vor euch liegt. Zeichnet euer Gegenüber, ohne den Stift vom Papier abzusetzen. Versucht, das Zeichnen nicht zu unterbrechen, sondern lasst den Stift flüssig übers Papier gleiten. Findet euren eigenen Rhythmus.

Bei dieser Übung wird die Koordination zwischen Auge und Hand geschult. Das Ergebnis muss nicht perfekt sein. Es ist nicht wichtig, dass eure Zeichnung eurem Modell in jeder Hinsicht sehr ähnlich sieht. Versucht stattdessen, euch auf wenige charakteristische Details im Gesicht eures Gegenübers zu konzentrieren.

Erste Variante:

Ihr benötigt eine stabile Zeichenunterlage. Stellt euch Rücken an Rücken hin und zeichnet einander aus dem Gedächtnis, ohne den Stift abzusetzen.

Zweite Variante:

Zeichnet eure Nachbarinnen und Nachbarn aus drei unterschiedlichen Perspektiven, zum Beispiel von der Seite, von unten oder von oben. Wechselt selbst die Position beim Zeichnen.

Dritte Variante:

Setzt euch vor eure Nachbarin oder euren Nachbarn und schaut euch euer Gegenüber ganz genau an. Zeichnet sie, indem ihr zunächst nur Linien verwendet. Wiederholt das Ganze, aber verwendet nur Flächen, nur Muster oder nur Negativformen (mit Negativform ist die Form gemeint, die um die eigentliche Form herum liegt).

Vierte Variante:

Dreht euch um, so dass ihr eure Nachbarinnen und Nachbarn nicht sehen könnt. Nun zeichnet aus dem Gedächtnis, was diese heute anhaben.

(34) Der Einkaufszettel

Einsatz: Mittel-, Oberstufe
Arbeitsform: Einzelarbeit
Zeit: 20 Minuten
Material: Zeichenpapier (DIN A4), Fineliner, Filzstifte

Hast du schon ein mal einen Einkaufszettel auf der Straße oder in einem Einkaufswagen im Supermarkt gefunden – und dann überlegt, wer ihn geschrieben haben könnte? Ein Einkaufszettel kann viel über eine Person verraten.

Beispiel eines Einkaufszettels:

- 1 Packung Graubrot
- 2 Knusperjoghurt (Zitrone)
- 100 g Salami
- 1 Packung Apfelsaft (naturtrüb)
- 1 Tafel Vollmilchschokolade (für Theo)
- Topfreiniger
- Spüli

Was glaubst du, wer den Zettel geschrieben hat? Stelle dir die Person vor. Ist sie alt oder eher jung? Lebt die Person allein oder hat sie eine Familie?

Zeichne die Person und überlege dir einen kleinen Steckbrief. Den Steckbrief kannst du unter oder neben die Zeichnung schreiben. Er sollte folgende Informationen enthalten:

- Name der Person
- Alter
- Beruf
- Familienstand
- Wohnort

Teil III

Zeichnerisches Erfinden

(27) Nachricht an den Koch

Einsatz: Oberstufe
Arbeitsform: Einzelarbeit
Zeit: 15 Minuten
Material: Servietten (hell, einfarbig), verschiedene Stifte: Kugelschreiber, Fineliner, Filzstifte

Stell dir vor, du bist in einem Restaurant, Café oder Bistro. Das Essen, das du gerade gegessen hast, hat Eindruck bei dir hinterlassen – im guten oder im schlechten Sinne. Diesen möchtest du dem Koch in Form eines Lobes oder einer Kritik mitteilen. War das Essen besonders köstlich oder hat Pfeffer gefehlt? Hast du ein Haar oder sogar eine Fliege in der Suppe gefunden? War es unverschämt teuer? Oder möchtest du dem Koch einfach nur einen Gruß oder Dank hinterlassen?

Leider hast du kein Papier, sondern nur eine Serviette vor dir liegen. Schreibe und zeichne deine Nachricht an den Koch auf die Serviette. Probiere aus, welche deiner Stifte aus deiner Federmappe besonders gut auf der Serviette zeichnen.

(28) Tierwesen-Collage

Einsatz: Unter-, Mittelstufe
Arbeitsform: Einzel- und Gruppenarbeit
Zeit: 45 Minuten
Material: ausgedruckte Fotos von Tieren (mindestens im DIN-A5-Format), Buntpapier, Schere, Klebestift, Papier

Bringt drei ausgedruckte Fotos von Tieren mit. Die Tiere sollten möglichst komplett zu sehen sein. Dabei ist es egal, ob die Ausdrucke schwarz-weiß oder farbig sind. Alle Teilnehmerinnen und Teilnehmer legen ihre Ausdrucke umgedreht in einem gemeinsamen Stapel auf einen Tisch. Jetzt wird kräftig durchgemischt!

Zieht jeweils drei Fotos aus dem Stapel. Die Aufgabe ist nun, ein neues Tier aus den gezogenen Tieren zu kombinieren! Spielt mit dem Material herum, zerschneidet oder zerreißt die Ausdrucke und ordnet die Teile neu an, bis euch das neue Tier gefällt. Dabei könnt ihr ganz frei rumspinnen, das Tier kann unzählige Beine, kunterbunte Flügel oder lustige Riesenohren bekommen.

Mit Buntpapier könnt ihr Elemente ergänzen. Wenn ihr sicher seid, dass euer neues Tierwesen fertig ist, könnt ihr es auf ein Blatt Papier aufkleben.

(29) Die Schatzkiste

Einsatz: Unter-, Mittel-, Oberstufe
Arbeitsform: Einzelarbeit
Zeit: 20 Minuten
Material: Zeichenpapier (DIN A4), schwarzer Fineliner, Filzstifte, eine ›geheime‹ Kiste, Zettel mit Eigenschaften

Auf dem Tisch vor uns steht eine geschlossene Kiste. Stellen wir uns doch vor, dass ein geheimnisvoller Gegenstand darin ist. Was könnte in der Kiste versteckt sein? Eine Maschine, ein fieses Monster oder eine Killerpflanze von einem fremden Planeten? Oder doch vielmehr ein kleines, liebes Fellwesen? Vielleicht hat jemand darin auch einen wertvollen Schatz versteckt?

Jeder erhält ein Los mit drei Hinweiswörtern. Benutzt die Wörter auf den Losen und eure Fantasie, um zu zeichnen, was sich in der Kiste verbergen könnte.

Zusatzaufgabe (Gruppenarbeit): Legt eure fertigen Bilder nebeneinander und versucht gemeinsam, die Hinweiswörter der anderen Spielerinnen und Spieler zu erraten.

Beispiele für Hinweiswörter:

- Stacheln, zackig, schräg
- zischt, glatt, violett
- Fell, grünlich, weich
- samtig, Mottenkugeln, Blume
- Stahl, vibriert, Knöpfe
- piepst, nass, Klaue
- viereckig, laut, Streifen
- rosig, weich, schnurrt
- brummt, glänzt, Federn

- dramatisch, Hut, gelb
- Warze, bläulich, länglich
- Rad, filigran, Rohr
- haarig, nervös, Finger
- warm, Stacheln, violett
- Wurzeln, Augen, feucht
- rosa, blubbert, Fühler

(30) Außerirdische Pflanzen

Einsatz: Unter-, Mittel-, Oberstufe
Arbeitsform: Einzelarbeit
Zeit: eine Schulstunde
Material: Zeichenpapier (DIN A5), Buntstifte oder Filzstifte, Kiste

Auf einem fernen Planeten wurden Pflanzen entdeckt! Blumen in den schönsten Farben wachsen dort. Riesige Bäume tragen reife Früchte. Der Boden ist bedeckt von Farnen und Moosen. Die Pflanzenwelt erinnert ein bisschen an unsere heimischen Pflanzen. Und dennoch sehen sie komplett anders aus.

Naturforscher in der Vergangenheit haben Pflanzen und Tiere gezeichnet und dann mit Beschreibungen versehen. Tut so, als wärt ihr Naturforscherinnen und -forscher. Zeichnet mindestens drei außerirdische Pflanzen und beschreibt ihre Details. Wie könnten diese Pflanzen aussehen? Haben sie Blüten oder Dornen? Wie groß sind sie? Sind sie giftig? Oder sogar essbar?

Gebt den Pflanzen zum Schluss noch botanische Namen.

Variante (Gruppenarbeit):

Ihr notiert die Beschreibung einer Pflanze, die ihr euch ausgedacht habt, auf einem Zettel und gebt ihr einen Namen. Faltet den Zettel und steckt ihn in eine Kiste.

Anschließend dürft ihr jeweils einen Zettel aus der Kiste ziehen. Zeichnet nun eine Pflanze, die der Beschreibung auf dem Zettel entspricht. Erfindet nichts, haltet euch an die Beschreibung. Allerdings dürft ihr übertreiben. Den Namen der Pflanze schreibt ihr auf die Rückseite eurer Zeichnung.

Legt die fertigen Pflanzenzeichnungen nebeneinander. Findet ihr die Pflanze wieder, die ihr beschrieben hattet?

(31) Gegensätzliche Landschaften

Einsatz: Oberstufe
Arbeitsform: Einzelarbeit
Zeit: 45 Minuten
Material: alte Zeitschriften, Zeichenpapier (DIN A5), Schere, Bleistift

Eure Aufgabe ist es, mithilfe von Fotos aus alten Zeitschriften zwei gegensätzliche Landschaften zu collagieren.

Beispiele für gegensätzliche Landschaften sind:

- Tag und Nacht
- Sommer und Winter
- Frühling und Herbst
- Karge Berge und floraler Dschungel
- Kitschiges Panorama und gruselige Mondlandschaft
- Heidewiese mit Bäumen und Industriebrache
- Kaktuswald und Urwald
- ...

Ihr könnt auf einem Blatt Papier mit dem Bleistift eine Horizontlinie einzeichnen und Bäume, Pflanzen, Berge oder Wolken aus der Zeitschrift darauf arrangieren, bis eine Landschaft entsteht, die euch gefällt. Überlegt euch dann, wie eine Landschaft aussieht, die gegensätzlich ist und collagiert auch diese.

Variante:

Ihr könnt auch versuchen, gegensätzliche Figuren zu collagieren.

(32) Alle Tassen im Schrank!

Einsatz: Unter-, Mittel-, Oberstufe
Arbeitsform: Einzelarbeit
Zeit: 20 Minuten
Material: Zeichenpapier (DIN A4), schwarzer Fineliner, Filzstifte

»Hast du noch alle Tassen im Schrank?« Das sagst du vielleicht zu jemandem, den du für verrückt hältst. Manche Leute haben aber ganz wörtlich den ganzen Schrank voller Tassen. Winzige filigrane Mokkatassen mit Goldmuster zum Beispiel. Oder riesige Kaffeebecher mit Werbung oder mit einem lustigen Spruch. Oder eine quietschbunte Tasse mit einem Schnabel als Henkel.

Welche Tassen fallen dir noch ein? Zeichne so viele unterschiedliche Tassen wie möglich. Mal sehen, wer die meisten Tassen im Schrank hat …

(33) Erfundene Welten: Zeichnet eine Landkarte!

Einsatz: Mittel-, Oberstufe
Arbeitsform: Einzelarbeit
Zeit: 45 Minuten
Material: Zeichenpapier (DIN A4), Fineliner, Buntstifte oder Wasserfarben, Pinsel

Atlantis ist ein mythisches, untergegangenes Inselreich, das Platon als erster beschrieben hat. Ob es Atlantis jemals gegeben hat, ist bis heute unbekannt. In dieser Übung dürft ihr euch selbst ein Land, einen Planeten oder eine Insel ausdenken und eine Landkarte dazu anfertigen.

Macht euch Gedanken, bevor ihr loslegt:

- Handelt es sich um ein Land, einen Planeten oder eine Insel?
- Befindet sich das Land auf unserem Planeten, unter Wasser, im Weltraum?
- Gibt es dort Leben: Menschen, Tiere, Pflanzen, Aliens?
- Wenn es dort Menschen gibt, leben sie in Häusern, Städten, Dörfern?
- Was gibt es dort zu essen?
- Gibt es Gebirge, Flüsse, Seen, Wälder, Vulkane, Meere, Wüsten?
- Welches Klima herrscht dort?
- Ist es hell oder dunkel?

Malt eine Karte mit Details wie Pflanzen, Flüssen, Wäldern, Kreaturen, Wegen, Bergen, Tieren, Häusern und Bewohnern. Wie heißt das Land oder die Insel? Fügt gerne Beschriftungen hinzu.

Zusatzaufgaben:

1. Malt auf einem neuen Blatt Papier die Schätze, die auf dem Land, der Insel oder dem Planeten zu finden sind.
2. Malt auf einem neuen Blatt Papier ein besonderes Tier und eine besondere Pflanze, die man dort antreffen kann.
3. Malt auf einem neuen Blatt Papier weitere Lebewesen, die außerdem dort leben.
4. Malt auf einem neuen Blatt Papier, was man dort an Essbarem finden kann.

- Lebensmotto
- Hobbies
- Lieblingsfilm
- Lieblingsessen
- Website/Instagramprofil
- Das fällt mir noch zu der Person ein …

(35) Neu entdeckte Tierart auf Papua-Neuguinea

Einsatz: Mittel-, Oberstufe
Arbeitsform: Einzelarbeit
Zeit: 30 Minuten
Material: Zeichenpapier (DIN A4), schwarzer Fineliner, Filzstifte, Ölpastellstifte oder Buntstifte

In Papua-Neuguinea haben Forscher eine sensationelle Entdeckung gemacht: Ein hirschähnliches Tier von der Größe einer Katze wurde letzte Woche mittels einer Kamerafalle gesichtet. Das Foto zeigt das Tier leider nur unscharf. Dennoch ist klar, dass es sich um eine Tierart handelt, die noch nie zuvor wissenschaftlich beschrieben wurde!

Die Hufe sind klauenartig und das Fell bräunlich mit weißen Flecken. Die Augen sind groß und leuchten gelblich. Das Geweih ist beeindruckend groß für ein Tier dieser geringen Körpergröße.

Zeichne das Tier nach der Beschreibung. Gib ihm einen Namen!

(36) Das ungehorsame Kind

Einsatz: Mittel-, Oberstufe
Arbeitsform: Einzelarbeit
Zeit: 45 Minuten
Material: Zeichenpapier (DIN A4), schwarzer Fineliner, Filzstifte

Vielleicht erinnerst du dich noch an eine Trotzphase, die du als Kind durchlebt hast und in der du das Gegenteil von dem gemacht hast, was du tun solltest. Das machen wir jetzt auch mit zeichnerischen Mitteln. Hier sind ein paar Sprüche. Suche dir zwei davon aus und zeichne das Gegenteil!

- Ich liebe Möhrensuppe.
- Natürlich habe ich meine Hausaufgaben schon gemacht.
- Ich spare mein Taschengeld.
- Dein Kleid macht dich nicht dick.
- Ich mache regelmäßig Sport.
- Ich habe keine Angst vor Monstern.
- Klar habe ich schon Zähne geputzt.
- Heute habe ich mich nicht vollgekleckert beim Eisessen.
- Ich bin nett zu meinen Mitmenschen.
- Natürlich steht dir diese Frisur!
- Ich habe mir nicht heimlich ein Eis gekauft.
- Jonathan finde ich unausstehlich.
- Ich tue viel für die Umwelt.
- Vor dem Zahnarzt habe ich keine Angst.
- Ich mag unsere neue Mathelehrerin.
- Süßigkeiten esse ich überhaupt nicht gern.
- Ich fühle mich heute so krank, ich muss zuhause bleiben und im Bett liegen.
- Mein Hund beißt nicht, er will nur spielen.

- Ich habe nicht die ganzen Pflaumen aufgegessen.
- Mein Lächeln finden alle Menschen sympathisch.

Beispiel:

Wenn du dich für »Ich liebe Möhrensuppe« entscheidest, zeichnest du ein Bild, das das Gegenteil darstellt: »Ich hasse Möhrensuppe!«

(37) Leben in der Zukunft

Einsatz: Unter-, Mittel-, Oberstufe
Arbeitsform: Einzelarbeit
Zeit: 30 Minuten
Material: Zeichenpapier (DIN A4), Fineliner, Filzstifte

Ihr arbeitet in Zweiergruppen: Betrachtet eure Nachbarinnen und Nachbarn genauer und überlegt, wie sie aussehen würden, wenn sie in der Zukunft leben würden. Welche Kleidung und welche Frisuren würden sie tragen? Zeichnet mehrere Accessoires und Gegenstände, die sie in der Zukunft brauchen könnten und erklärt, welche das sind.

Erste Variante:

Stellt euch vor, eure Nachbarinnen und Nachbarn wären Aliens. Wie würden sie aussehen? Wie wären sie ausgerüstet? Fertigt eine Zeichnung an.

Zweite Variante:

Stellt euch vor, eure Nachbarinnen und Nachbarn wären Roboter. Wie würden sie aussehen? Wie wären sie ausgerüstet? Fertigt eine Zeichnung an.

(38) Das Grab des Tutanchamun

Einsatz: Mittel-, Oberstufe
Arbeitsform: Einzelarbeit
Zeit: 45 Minuten
Material: Zeichenpapier (DIN A3), schwarzer Fineliner, Filzstifte, Buntstifte oder Wasserfarbe

1922 fanden Wissenschaftler das Grab des Pharaos Tutanchamun. Er lebte vor mehr als 3000 Jahren in Ägypten. Neben seiner Mumie und in einer angrenzenden Schatzkammer lagen kostbare Gegenstände: Statuen aus Gold, Schnitzereien, Proviant, eine goldene Maske und kleinere Sarkophage mit seinen Eingeweiden darin. Sogar Tiere wurden in seinem Grab gefunden.

Stell dir vor, du wärst in einem früheren Leben ein berühmter Pharao gewesen. Welche Grabbeigaben hätten die Wissenschaftler in deinem Grab gefunden? Zeichne deinen Sarg, deine Mumie und die kostbaren Grabbeigaben mit Beschriftungen. Versuche die Gegenstände spannend anzuordnen.

Tipp:

Verwende nur drei Farben, so dass die Komposition nicht zu überfrachtet wirkt.

(39) Stars und ihre Haustiere

Einsatz: Mittel-, Oberstufe
Arbeitsform: Einzelarbeit
Zeit: 30 Minuten
Material: Zeichenpapier (DIN A4), schwarzer Fineliner, Filzstifte

Die Haustiere mancher prominenten Persönlichkeiten sind fast so berühmt wie die Stars selbst. Da wären zum Beispiel Pippin, das Rehkitz der Schauspielerin Audrey Hepburn, und Max, das Hängebauchschwein von George Clooney, und Bo, der Hund der Familie Obama.

Sucht euch eine prominente Persönlichkeit eurer Wahl aus und überlegt euch, welches Haustier diese haben könnte. Erfindet einfach eins und zeichnet das Tier! Die prominenten Tierhalterinnen und -halter könnt ihr daneben zeichnen.

(40) Designe/Gestalte ein Tattoo

Einsatz: Mittel-, Oberstufe
Arbeitsform: Einzelarbeit
Zeit: 30–40 Minuten
Material: Zeichenpapier (DIN A4), Fineliner oder Kugelschreiber, Filzstifte

Stell dir vor, du sollst ein Tattoo entwerfen! Deine Kundinnen und Kunden geben dir maximale Freiheit. Entwerfe Tattoos für drei verschiedene Personen aus der untenstehenden Liste:

- Samantha Miller, Surflehrerin aus Sydney
- Eberhard Wieske, Bankberater aus Dülmen
- Dr. Ulrike Wolf, Chirurgin (spezialisiert auf Hände)
- DJ Afterlife, arbeitet auf der ganzen Welt
- Maggie McCormack, Medienkünstlerin aus Dublin
- Simon Jenkins, Balletttänzer
- Tante Inge, 54 Jahre alt
- Scarlett Johansson, Schauspielerin
- Nick Slater, Gitarrist einer Indie Band
- Chiara Leonardi, Modeinfluencerin
- Dein bester Freund
- Deine Oma
- …

(41) Zeichendiktat zum Thema Gruseln

Einsatz: Mittel-, Oberstufe
Arbeitsform: Einzelarbeit
Zeit: 45 Minuten
Material: Zeichenpapier (DIN A4), schwarzer Fineliner, Filzstifte

Ihr habt jeweils sechs Blätter Papier vor euch. Die Lehrperson liest Anfänge von Geschichten vor. An einer spannenden Stelle hören die Geschichten auf. Ergänzt nun zeichnerisch, wie die Geschichte weitergeht.

1. Das morsche Holz der Kellertreppe knarzt. Das Licht ist trübe, vor mir hängen Spinnweben und es riecht muffig. In der Ecke des Kellers sehe ich eine staubige Kiste. Der Deckel lässt sich nur schwer nach oben klappen. Endlich bekomme ich die Kiste auf! Was dort zum Vorschein kommt, lässt mir einen kalten Schauder über den Rücken fahren …
2. Auf diesen Tag hatte ich mich schon seit Wochen gefreut: heute war Halloween! Ich hatte mich gerade fertig angezogen, da klingelte es auch schon. Das mussten Ole und Pia sein. Ich schlich mich an die Tür und spähte durch den Spion. Draußen im Dämmerlicht standen ein Pirat und ein schreckliches Monster. Ziemlich cool! Ich öffnete die Haustür mit einem Ruck. Die beiden wichen erschrocken zurück, als sie mich sahen. Mein Kostüm zeigte die erwünschte Wirkung …
3. Gestern war ich mit meinem alten Rauhaardackel Rudi im Wald spazieren. Plötzlich fing Rudi an zu knurren. Dann bellte er ganz laut. Der Wind pfiff durch die Bäume. Ich schaute nach oben. Unheimlich sahen die Baumkronen aus. Richtig bedrohlich. So langsam wurde es auch dunkel. Oje,

ich sollte wirklich machen, dass ich nach Hause kam! Plötzlich spürte ich eine Hand auf meinen Schultern. Als ich mich umdrehte, erkannte ich ein vertrautes Gesicht …

4. Ich befinde mich in einem uralten Schloss. Es gibt hier ganz viele Zimmer voller Gerümpel: Schaufensterpuppen, alte Klamotten, Möbel und einen ausgestopften Papagei sehe ich. In einem Zimmer steht ein Klavier mit kaputten Tasten. Ich gehe weiter bis zum letzten Zimmer. Die Tür ist geschlossen, aber ich höre ein seltsames Röcheln. Vorsichtig öffne ich die Tür und erschrecke …
5. Als ich klein war, lebte ein friedliches, kleines Monster unter meinem Bett. Es hatte ganz weiches Fell und eine rosa Stupsnase. Manchmal schnurrte es. Wenn es Hunger hatte, pfiff es ein kleines Lied. Doch eines Tages – ich war schon fast eingeschlafen – …
6. Als ich zum ersten Mal von der merkwürdigen Geschichte hörte, die sich angeblich in unserem kleinen Ort abgespielt haben soll, war ich zehn Jahre alt. Damals verschwanden immer wieder Katzen und Hunde spurlos. Bald schon ließ niemand mehr seine Katzen vor die Tür. Hunde wurden stets an der Leine Gassi geführt. Trotzdem verschwanden weitere Haustiere. Es gibt bis heute keine Erklärung dafür, was mit diesen Tieren geschah. Aber wie ihr euch vielleicht denken könnt, machten sich die Menschen so ihre Gedanken. Angeblich hatte das Verschwinden etwas mit der Papierfabrik zu tun, die einem alten Wissenschaftler gehörte. Es gab Gerüchte, dass sich dort ein illegales Labor befand, in dem Tiermischwesen geklont wurden. Tiere, die zur Hälfte aus Katze und Wolf bestanden, aus Ente und Affe, aus Hund und Giraffe. Eine Bekannte meiner Großmutter hatte eine Zeitlang als Putzkraft bei jenem Wissenschaftler gearbeitet. Einmal konnte sie ein Foto von einem solchen Tiermischwesen machen. Das Wesen auf dem Foto sah allerdings aus wie …

(42) Ich und meine Angst

Einsatz: Unter-, Mittelstufe
Arbeitsform: Einzelarbeit
Zeit: 45 Minuten
Material: Zeichenpapier, Bleistift, Temperafarbe, Pinsel

Fast alle von uns haben vor irgendetwas Angst: vor Spinnen, großen Hunden, gruseligen Monstern oder Geistern etwa. Es gibt Flugangst und Höhenangst. Andere haben sogar Angst vor ihren Mitschülerinnen und Mitschülern, weil sie schon mal gemobbt wurden. Eine weitverbreitete Angst ist die Angst vor Kriegen oder Krankheiten.

Aufgabe 1:

Wie würde eure Angst aussehen, wenn sie eine Person wäre? Hat sie ein gruseliges Gesicht oder ist sie selber ängstlich? Malt eure Angst als Person.

Aufgabe 2:

Wie sieht Mut aus, wenn er eine Person wäre? Malt die Person ›Mut‹ neben die Person ›Angst‹. Nehmen die beiden Kontakt miteinander auf?

(43) Einen neuen Körperteil entwerfen

Einsatz: Unter-, Mittel-, Oberstufe
Arbeitsform: Einzelarbeit
Zeit: 45 Minuten
Material: Pappe, Temperafarbe, Pinsel, Zeichenpapier, Bleistift, Cutter, Schere

Unser Körper ist schon ein ziemlich cooles Ding! Aber ginge es noch cooler? Überlege dir einen zusätzlichen Körperteil mit richtig tollen Funktionen. Mache einen Bauplan und eine Skizze für diesen Körperteil. Wo soll sich der Körperteil befinden? Wie groß ist er?

Bastele deinen neuen Körperteil aus Pappe nach deinem Bauplan, gerne in Originalgröße, und bemale ihn mit Temperafarbe! Demonstriere der Klasse deine Erfindung. Versuche, so gut wie möglich zu begründen, warum die Menschheit deinen neuen Körperteil braucht!

(44) Buchcovergeflüster

Einsatz: Oberstufe
Arbeitsform: Gruppenarbeit
Zeit: 45 Minuten
Material: Zeichenpapier, Bleistift, Ölpastellstifte oder Pastellkreide

Arbeitet in Zweiergruppen: Erzählt eurer Sitznachbarin oder eurem Sitznachbarn in wenigen Sätzen von einem Buch, das ihr gelesen habt. Verratet den Titel des Buches und den Namen der Autorin oder des Autors.

Nun versucht ihr nach der Beschreibung eurer Nachbarin oder eures Nachbarn das Cover des Buches zu gestalten. Ein gutes Buchcover sollte auf den Inhalt des Buches neugierig machen, ohne zu viel zu verraten. Der Titel und der Name der Autorin oder des Autors sollte deutlich zu erkennen sein. Überlegt gut, welche Farben ihr auswählt. Ein Krimi ist sicher düsterer als eine Liebesgeschichte.

(45) Plakat für einen Eisladen

Einsatz: Mittel-, Oberstufe
Arbeitsform: Einzelarbeit
Zeit: 90–135 Minuten
Material: Zeichenpapier (DIN A3), Bleistift, Ölkreiden, Wachs- oder Pastellstifte

Es gibt einen neuen Eisladen in der Stadt. Er heißt »Eispalast« und hat ziemlich verrückte Eissorten. Deine Aufgabe ist es, ein Plakat für diesen Eisladen zu gestalten. Das Plakat soll sofort auffallen, ein richtiger Eyecatcher soll es werden! Die verrückten Eissorten sollten darauf gut erkennbar sein, zum Beispiel angeordnet in einem Eisbecher. Achte darauf, dass der Name des Eisladens deutlich lesbar ist und gut zum Bild passt. Das kannst du erreichen, indem du wenige Farben verwendest. Du kannst auch ein Logo, einen Spruch oder andere Informationen ergänzen (Öffnungszeiten, Werbeslogan, Sonderaktionen, Adresse usw.).

Zusatzaufgaben:

1. Welche verrückten Eissorten fallen dir ein? Zeichne eine kleine Übersicht mit den Namen und dazu passenden einzelnen Eiskugeln.
2. Zeichne eine Speisekarte mit Eisbechern. Zeichne jeden Eisbecher auf ein DIN-A6-Blatt. Gib den Eisbechern schöne Namen. Wenn du dann die einzelnen Seiten nebeneinanderlegst und mit Klebeband befestigst, hast du ein Faltbuch, ein sogenanntes Leporello.

(46) Ein Produkt, das die Welt nicht braucht

Einsatz: Oberstufe
Arbeitsform: Einzelarbeit
Zeit: 45 Minuten
Material: Zeichenpapier (DIN A4), Bleistift

Kennst du ein Produkt, das völlig überflüssig ist? Wenn du keines kennst, erfinde eines! Du sollst eine Werbekampagne für dieses Produkt entwickeln. Finde gute Gründe, warum die Welt dieses Produkt eben doch braucht! Zeichne einen Werbeflyer!

Zusatzaufgabe:

Entwickle jetzt einen Werbeflyer für ein nützliches, aber unterschätztes Produkt, für etwas, das die Welt wirklich braucht!

(47) Ein Rezept illustrieren

Einsatz: Oberstufe
Arbeitsform: Einzelarbeit
Zeit: 45–90 Minuten
Material: Zeichenpapier (DIN A4), Bleistift, schwarzer Fineliner, Buntstifte

In vielen Restaurants und Imbissen gibt es Speisekarten für die Bestellung von Gerichten außer Haus. Bringe eine solche Speisekarte mit in den Unterricht und studiere die Gerichte auf der Karte. Vielleicht stehen traditionelle nepalesische, chinesische oder mexikanische Gerichte mit exotisch klingenden Zutaten auf der Karte?

Suche dir ein Gericht aus und illustriere es. Dabei ist es egal, ob du das Gericht schon kennst. Zeichne einfach, was du dir unter dem beschriebenen Gericht vorstellst. Die einzelnen Zutaten können deutlich zu erkennen sein. Nun stell dir vor, wie dieses Gericht gekocht wird. Werden zunächst die Nudeln gekocht? Oder wird das Fleisch in Chili und Knoblauch eingelegt? Wenn du selbst nicht kochen kannst, verwende deine Fantasie! Schreibe ein Kochrezept in deiner eigenen Handschrift und illustriere es Schritt für Schritt.

Tipp:

Alle Informationen, die du auf der Speisekarte zu dem Gericht findest, kannst du für deinen Rezepttext nutzen. Wenn es nicht genug Informationen gibt, kannst du welche erfinden.

(48) Protestplakat

Einsatz: Oberstufe
Arbeitsform: Einzelarbeit
Zeit: 45 Minuten
Material: Zeichenpapier (DIN A3) oder Pappe, Temperafarben, Pinsel

Wogegen bist du? Ignoranz? Armut? Bevormundung? Umweltverschmutzung? Massentierhaltung? Oder gegen etwas ganz anderes?

Zeichne ein Plakat, das eine Ungerechtigkeit anprangert, die dich wirklich nervt. Verwende nur drei Farben. Versuche, eine stimmige Beziehung zwischen Text und Bild herzustellen.

(49) Das Beste von allem*

Einsatz: Unter-, Mittel-, Oberstufe
Arbeitsform: Gruppenarbeit
Zeit: 45 Minuten
Material: Zeichenpapier (DIN A5), Farbstifte nach Lust und Laune

Wir wollen das Beste von allem zeichnen. Das Beste von allem kann alles Mögliche sein: Hunde, Muffins, Mamas, Teddybären … Welche Dinge findet ihr am besten?

Überlegt euch in der Gruppe fünf Dinge. Nun sollten alle diese fünf Dinge zeichnen – und zwar jeweils auf ein neues Blatt Papier. Am Ende könnt ihr eure Zeichnungen miteinander vergleichen. Auch wenn ihr alle den besten Kuchen gezeichnet habt: Sicher hattet ihr von ihm ganz eigene Vorstellungen und die Zeichnungen sind besondere Unikate geworden!

Hier sind ein paar Begriffe zur Anregung aus dem Buch *Das Beste von Allem*:

- Mamas
- Papas
- Insekten
- Schiffe
- Autos
- Häuser
- Hüte
- Katzen
- Pferde

* Diese Übung ist inspiriert durch das Buch: Jutta Bauer und Katja Spitzer *Das Beste von Allem*, Hamburg 2015.

- Vögel
- Schuhe
- Kuscheltiere
- Musikinstrumente
- Sandwiches
- Süßigkeiten
- Monster
- Drachen
- Eisbecher
- Frühstück
- Millionäre
- das Allerdöfste
- …

(50) Zeichne eine Supermaschine

Einsatz: Unter-, Mittel-, Oberstufe
Arbeitsform: Einzelarbeit
Zeit: 45 Minuten
Material: Zeichenpapier, Bleistift, Fineliner, Buntstifte, Fotokopien von Leonardo Da Vincis Skizzen zu technischen Apparaten

Der berühmte Künstler Leonardo Da Vinci (1452–1519) war ein richtiges Universalgenie. Neben bekannten Gemälden hat er etliche Entwürfe für Apparate und Maschinen angefertigt, die ihrer Zeit weit voraus waren. Zum Beispiel einen Vorgänger des modernen Hubschraubers!

Eure Aufgabe ist es nun, ebenfalls eine Maschine zu zeichnen, die Unglaubliches kann! Vielleicht kann die Maschine euch ins Mittelalter beamen? Oder euch auf Knopfdruck alle Sprachen beibringen? Kann sie Essen zaubern, ohne dass du auch nur eine Karotte schälen musst? Oder die Ozeane von Plastik befreien?

Nehmt euch Bleistift und Papier und legt los! Die fertige Bleistiftzeichnung könnt ihr mit dem Fineliner nachzeichnen und mit Buntstiften ausmalen. Ihr könnt die einzelnen Maschinenteile auch beschriften und mit Erklärungen versehen. Ergänzt zuletzt den Namen eurer Maschine und ihren Zweck.

Teil IV

Serien und Bildgeschichten

(51) Katzenfutter-Alphabet*

Einsatz: Mittel-, Oberstufe
Arbeitsform: Einzel- und Gruppenarbeit
Zeit: 45 Minuten
Material: Zeichenpapier (DIN A3), Ölpastellkreide

Die dicke Katze Zora hat sich schon wieder überfressen. Von A–Z hat sie alles Mögliche wahllos in sich hineingestopft. Sogar ein ganzes Klavier!

Zeichne alle anderen Dinge von A–Z, die Zora auch gefressen hat. Auf einem Blatt im DIN-A3-Format haben alle Dinge Platz. Und du kannst die dicke Katze gern mitten hinein zeichnen.

Beginne am besten mit A und zeichne in alphabetischer Reihenfolge. Benutze nur zwei Farben. Herausforderungen sind natürlich Buchstaben wie X, Q und Z!

Variante (Gruppenarbeit):

Die Lehrperson hat 27 Lose vorbereitet. Auf jedem Los steht ein Buchstabe des Alphabets. Auf dem 27. Los steht »Zora«. Ziehe ein Los und zeichne ein ›Katzenfutter‹, das mit dem gezogenen Buchstaben beginnt, auf ein Blatt Papier im DIN-A6-Format. Wer das Los mit »Zora« zieht, muss natürlich die dicke Zora zeichnen. Am Ende der Übung wird das ›Katzenfutter‹ in alphabetischer Reihenfolge um die dick gefressene Katze Zora gelegt.

* Diese Übung ist inspiriert von einem Bilderbuch: Maira Kalman, *What Pete ate from A–Z*, New York 2001.

(52) Mimi ist weg!

Einsatz: Unter-, Mittel-, Oberstufe
Arbeitsform: Einzelarbeit
Zeit: 30–45 Minuten
Material: Zeichenpapier (DIN A4), Fineliner, Filzstifte

An Bäumen oder Pfeilern findet man oft Zettel von Leuten, die ihre Haustiere suchen. Zum Beispiel diesen:

> Katze vermisst!
> Unsere Katze Mimi ist seit gestern verschwunden. Mimi ist grau getigert und ziemlich neugierig. Ihr rechtes Ohr ist deutlich eingeknickt.
> Vielleicht wurde sie aus Versehen eingeschlossen? Bitte schauen Sie in ihrem Keller, Schuppen oder in der Garage nach. Mimi hat ein liebes Zuhause und wir vermissen sie sehr. Wer sie zurückbringt, erhält einen großzügigen Finderlohn!

Habt ihr euch schon einmal gefragt, was mit diesen Tieren passiert ist? Ob sie gekidnappt oder gestohlen wurden? Ob sie verletzt sind und hilflos in einem Keller liegen? Vielleicht sind die Tiere aber auch freiwillig abgehauen, sind verreist, machen Karriere oder suchen sich eine neue Familie? Es gibt so viele Möglichkeiten.

In einigen Fällen erhalten Tierhalter ihre Tiere zurück. Was in der Zwischenzeit geschehen ist und was das Tier erlebt hat, bleibt ein Geheimnis. Und genau darum geht es in dieser Übung. Wir wechseln die Perspektive:

Stell dir vor, du bist die verschwundene Katze Mimi. Schreibe und zeichne aus ihrer Perspektive, was passiert sein könnte. Zeichne einen Comicstrip mit fünf bis zehn Panels. Panels nennt man die Einzelbilder in einem Comic.

(53) Geschichte in sechs Bildern: Notizen eines Tages

Einsatz: Mittel-, Oberstufe
Arbeitsform: Einzelarbeit
Zeit: 45–90 Minuten
Material: Zeichenpapier (DIN A6), Fineliner, Filzstifte

Eine uns unbekannte Person hat sechs kurze Notizen über ihren Tagesablauf geschrieben:

> 7:00 Uhr: Frühstück mit Walter
> 8:34 Uhr: Endlich Zeit für mein Hobby!
> 12:20 Uhr: Vom Fenster aus habe ich etwas Unglaubliches gesehen.
> 14:06 Uhr: Schnelle Runde mit F.
> 18:05 Uhr: Ich mache mir jetzt etwas besonders Leckeres zum Abendessen.
> 22:00 Uhr: Huch, es klingelt an der Tür …

Fertige für jede Notiz eine Zeichnung auf je einem Blatt Papier an, so dass eine Bildergeschichte oder ein Comic entsteht. Schreibe die Uhrzeit und die dazugehörige Notiz der unbekannten Person unter die Zeichnung.

Die Notizen können aus einem Tagebuch oder sogar aus einem Polizeiprotokoll stammen. Überlege dir, wer sie geschrieben haben könnte. Handelt es sich um einen normalen Tag oder ist etwas Besonderes passiert? Am Ende hast du eine fortlaufende Bildergeschichte auf sechs Seiten vor dir liegen.

Zusatzaufgabe:

Klebe die einzelnen Bilder an den langen Seiten in der Reihenfolge der Geschichte aneinander. Jetzt hast du ein Faltbuch, ein sogenanntes Leporello.

(54) Reizwörterwesen (Teil 2)

Einsatz: Mittel-, Oberstufe
Arbeitsform: Einzel- und Gruppenarbeit
Zeit: 45 Minuten
Material: Zeichenpapier (DIN A3), Buntstifte

In dieser Übung führen wir unsere Arbeiten aus Übung 16 (S. 33 f.) fort. Ihr erinnert euch vielleicht: Anhand dreier Worte bzw. Satzteile, die eine Figur beschreiben, haben wir ganz unterschiedliche Zeichnungen gestaltet. Hängt diese Bilder an die Tafel oder verteilt sie auf dem Boden.

Leiht euch nun jeweils eine Zeichnung einer anderen Teilnehmerin oder eines anderen Teilnehmers aus. Die Aufgabe ist es jetzt, eine Bildergeschichte zu der Zeichnung zu erfinden. Nehmt dazu ein neues Blatt Papier und teilt es in acht Felder auf. Welche Geschichte verbirgt sich etwa hinter der alten Dame, die einen Riesenkürbis in beiden Händen trägt und mürrisch guckt? Gestaltet dazu acht Panels.

(55) Geschichte in sechs Bildern

Einsatz: Unter-, Mittel-, Oberstufe
Arbeitsform: Einzelarbeit
Zeit: 45 Minuten
Material: Zeichenpapier (DIN A4), Fineliner, Filzstifte

Die Lehrperson liest euch den Anfang einer Geschichte oder eines Zeitungsartikels vor. Das kann eine Gruselgeschichte sein, eine Alltagsbeobachtung oder eine Liebesgeschichte. An einer spannenden Stelle hört sie plötzlich auf zu lesen. Ihr sollt nun überlegen, wie die Geschichte weitergeht. Teilt euer Blatt in sechs Felder auf und zeichnet die Geschichte als Comic weiter. Baut Sprechblasen ein.

Beispiele für Geschichtenanfänge:

»Ich bin schon mal vom Fünfmeterturm gesprungen!«, sagt Helge und trommelte sich auf die Brust. »Ich habe einen ganzen Teller mit dem extrascharfen Chili von Onkel Sebastian gegessen«, sagt Hanna. Elias ist dran und wird ganz rot. Was war noch mal das Mutigste, das er je getan hat?

Plötzlich rutscht ihm raus: »Ich habe mal einen Löwen gestreichelt und hatte keine Angst!« »Echt, einen richtigen Löwen?«, fragt Karl aufgeregt. Elias sagt: »Ein echter Löwe war das und wir haben sogar miteinander gespielt!« »Oh, erzähl uns unbedingt, wie es dazu kam«, bittet Hanna. …

Lea wollte es sich gerade mit ihrem Kakao und einem guten Buch auf dem Sessel gemütlich machen, als sie ein Rumpeln hörte. Filou, ihr alter Kater, sprang erschrocken auf. Dann knarzte es. Lea bekam eine Gänsehaut. Kam das etwa aus dem Keller? Mist, Mama und Papa waren noch mal kurz zu

Oma gegangen. Lea war ganz allein! Und Filou hatte sich schnell unter dem Sofa in Sicherheit gebracht. Lea stellte ihren Kakao auf den Tisch, ihre Hände zitterten. Sie näherte sich der Kellertür …

Schon seit zwei Wochen wurde Pauline nun von Jenna und Lilly gemobbt. Die beiden lauerten ihr täglich vor der Schule auf und durchsuchten ihre Brotdose. Süßigkeiten kassierten sie sofort ein. Butterbrote nahmen sie nur, wenn Nuss-Nougat-Creme darauf war. Gestern hatte Mama das Brot mit Käse belegt. Als Lilly das gesehen hatte, hatte sie Pauline in den Magen geboxt. Auch heute warteten die beiden bereits vor dem Schultor. Pauline öffnete ihre Brotdose. Zum Glück war Nuss-Nougat-Creme auf dem Brot.

Jenna nahm ihr die Brotdose aus den Händen und schleuderte alles ins Gras. Lilly riss Pauline ihren MP3-Player vom Kopf und sagte: »Morgen bringst du Geld mit.« Pauline versuchte, die Tränen zu unterdrücken. Als die beiden weg waren, fing sie hemmungslos an zu schluchzen. Was sollte sie nur tun? …

(56) Alphabet der Zukunft

Einsatz: Mittel-, Oberstufe
Arbeitsform: Einzel- und Gruppenarbeit
Zeit: 20 Minuten
Material: Zeichenpapier (DIN A6), schwarzer Fineliner, Buntstifte, Filzstifte

Vor 50 Jahren wusste noch niemand, was eine SMS, ein Laptop oder ein E-Roller ist. Was glaubst du: Welche Neuerungen wird es in der Zukunft geben, die wir uns noch nicht vorstellen können? Welche Probleme kommen auf die Menschen zu und welche Erfindungen machen den Alltag in 50 oder 100 Jahren angenehmer?

Denkt euch etwas aus, das es erst in der Zukunft geben wird. Und zwar von A–Z! Neue technische Geräte, Erfindungen, Essen oder Kleidung der Zukunft, Möbel oder auch neue Wörter.

Ihr bekommt jeweils einen Buchstaben des Alphabets zugeteilt. Sagt dazu der Reihe nach das Alphabet auf und nennt je einen Buchstaben (je nach Klassengröße könnt ihr nach 26 Schülerinnen und Schülern wieder bei A anfangen). Zeichnet eure Erfindung auf ein Blatt Papier im DIN-A6-Format.

Zusatzaufgabe:

Bindet ein Buch aus euren Bildern. Dazu braucht ihr natürlich noch ein Buchcover. Wer Lust hat, kann ein schönes Bild als Titelbild zeichnen. Außerdem braucht das Buch auch einen guten Titel. Wie wäre es mit: »Die Zukunft von A–Z« oder »Alphabet der Zukunft«? Vielleicht fällt euch noch etwas Originelleres ein!

(57) Fünfmal Mona Lisa

Einsatz: Mittel-, Oberstufe
Arbeitsform: Einzelarbeit
Zeit: 45 Minuten
Material: Papier (DIN A4), schwarzer Fineliner, Buntstifte, Filzstifte, Fotokopien der *Mona Lisa* von Leonardo da Vinci in schwarz-weiß (DIN A4, pro Teilnehmer 5 Exemplare), alte Zeitschriften

Das berühmteste Bild der Welt ist wahrscheinlich das Gemälde *La Gioconda* (entstanden zwischen 1503 und 1506) von Leonardo da Vinci. Bekannter ist das Gemälde unter dem Titel *Mona Lisa.*

Ihr erhaltet jeweils fünf schwarz-weiße Kopien der *Mona Lisa.* Eure Aufgabe ist es, das Bild in fünf Varianten neu zu interpretieren. Ihr könnt direkt auf den Kopien arbeiten, das Bild abzeichnen, durchpausen, überkleben oder mit Stiften ergänzen!

Wenn es nicht genug Kopien gibt, nehmt ihr einfach eine Kopie als Vorlage und zeichnet die Mona Lisa auf einem neuen Blatt Papier völlig frei neu.

Variante:

Gestaltet die Varianten unter bestimmten Vorgaben. Baut etwa folgende Elemente in eure Bilder ein:

1. Brille, Hut oder Bart
2. etwas Tierisches
3. etwas Kostbares
4. etwas Blaues

(58) Das Souvenir

Einsatz: Mittel-, Oberstufe
Arbeitsform: Einzelarbeit
Zeit: 45 Minuten
Material: Zeichenpapier (DIN A6), schwarzer Fineliner, Buntstifte, Filzstifte

Viele Leute bringen aus dem Urlaub Souvenirs mit, um sie zu verschenken oder um sich selbst an die Reise zu erinnern. Diese Dinge stehen im Regal herum und sind mal mehr, mal weniger schön. Ein beliebtes Urlaubsmitbringsel aus der Türkei ist das Nazar-Amulett, das türkische Auge. Das Amulett gibt es in verschiedenen Formen, zum Beispiel als Anhänger, Ring oder Kette. Das Nazar-Amulett ist ein Glücksbringer und soll vor dem ›bösen Blick‹ schützen. Mit glitzernden oder bunten Steinen beklebte Totenköpfe aus Zucker werden manchmal aus Mexiko mitgebracht, Filzpantoffeln aus der Mongolei und Winkekatzen aus Japan und China. Matrjoschkas kaufst du in Russland und elegante Masken in Venedig.

Hast du auch schon einmal ein Souvenir geschenkt bekommen? Bringe von zuhause ein Souvenir mit oder mache ein Foto davon.

Stell dir nun die Reise der Person vor, die dir das Souvenir mitgebracht hat. Was könnte sie erlebt haben? Wann hat sie das Souvenir gekauft?

Zeichne einen Comic mit dem Titel »Das Souvenir«. Versuche, in acht Bildern von der Reise zu erzählen. Das Souvenir kann der Ausgangspunkt sein oder beiläufig auftauchen. Du kannst Informationen und Geschichten, die dir über die Reise erzählt wurden, in dein Comic einbauen.

(59) Dein erstes Zine

Einsatz: Oberstufe
Arbeitsform: Einzelarbeit
Zeit: 90 Minuten
Material: Zeichenpapier (DIN A4), Fineliner, Filzstifte, alte Zeitschriften und anderes Bildmaterial, Tacker oder Nadel und Faden

Bei dieser Aufgabe darf wild geschnippelt und gekritzelt werden. Wir erstellen ein eigenes Zine. ›Zine‹ ist die Abkürzung von *fanzine*, was wiederum ein Schachtelwort aus den englischen Wörtern *fan* und *magazine* ist. Ein Zine ist ein Heft mit Fotos, Zeichnungen, Texten und Collagen, das Fans für andere Fans hergestellt haben. Es gibt Zines zu allen möglichen Themen, zum Beispiel zu Musik, Horrorfilmen, Fahrrädern, Feminismus ... Ein Zine ist eine Mischung aus einer thematisch festgelegten Zeitschrift und einem collagierten Tagebuch.

Erstelle ein Zine zu einem Thema deiner Wahl. Die einzige Regel lautet: Du solltest das Thema so richtig gut finden. Hier sind ein paar Anregungen:

- Musik, deren Fan du bist
- dein Lieblingsfilm
- eine politische oder soziale Initiative, die du gut findest
- eine Person, die du bewunderst
- eine Sportart oder einen Sportler
- ein Zine über dich selbst!
- ...

Für das Zine brauchst du mindestens zwei Blätter Papier, die du in der Mitte faltest und ineinanderlegst. Inklusive Titelblatt und Rückseite erhältst du so acht Seiten, die du gestalten kannst. Du kannst dein Zine um weitere Seiten ergänzen, wenn du möchtest.

Ein Zine ist meist schwarz-weiß, damit es möglichst günstig mit dem Kopierer vervielfältigt werden kann. Du kannst dein Zine aber auch kolorieren. Mit Tacker oder Nadel und Faden kannst du aus deinem Zine ein richtiges Heft machen.

(60) Ich packe meinen Koffer und reise nach …

Einsatz: Mittel-, Oberstufe
Arbeitsform: Einzelarbeit
Zeit: 30–40 Minuten
Material: Zeichenpapier (DIN A4), schwarzer Fineliner, schwarzer Filzstift, Farbstifte nach Wahl

Zeichne den Inhalt eines Reisekoffers. Wähle dazu zwei der Reisen aus der untenstehenden Liste aus. Benutze für jede Reise ein eigenes Blatt Papier. Du kannst die Gegenstände nebeneinander zeichnen und beschriften. Falls du die Zusatzaufgabe bearbeiten möchtest, lass links oder rechts auf dem Papier etwas Platz.

Die Reise geht …
… für ein Wochenende nach Paris, in die Stadt der Liebe
… ins Mittelalter
… zum Mars
… mit einem 1000 km/h schnellen Zug in die Zukunft
… in den Dschungel Sumatras
… nach Venedig, bei Überschwemmung
… ins England des 19. Jahrhunderts
… in die 70er Jahre
… nach Thailand zum Campen
… ins Weihnachtswunderland
… nach Atlantis, die versunkene Stadt
… ins australische Outback zur Zeit der Goldgräber

Zusatzaufgabe:

Zeichne auch den Koffer, den Rucksack oder die Tasche für die jeweilige Reise. Eine Tasche, die du in den Dschungel mitnimmst, sieht sicher anders aus als eine Tasche für den Wochenendausflug nach Paris.

(61) Einkaufsbeutel

Einsatz: Mittel-, Oberstufe
Arbeitsform: Einzelarbeit
Zeit: 30 Minuten
Material: Zeichenpapier, Fineliner, schwarzer Filzstift; für die Zusatzaufgabe: ein unbedruckter Stoffbeutel, farbige Textilmarker

Entwerfe einen Einkaufsbeutel mit einem passenden Logo für drei der folgenden Geschäfte:

- Bio-Laden
- Baumarkt
- Schallplattengeschäft
- Buchladen
- italienische Feinkost
- Friseurbedarf
- Brillenfachgeschäft
- Unterwäscheboutique
- Kindermodegeschäft
- Patisserie
- Fahrradladen
- Hörgeräteladen
- Ein-Euro-Laden
- Blumenladen
- Tierbedarf
- Computerladen
- Schuhreparatur
- Änderungsschneiderei
- Künstlerbedarf
- Kindercafé
- …

Zusatzaufgabe:

Jeder und jede von euch hat einen unbedruckten Stoffbeutel und Textilmarker vor sich liegen. Übertragt nun den Logoentwurf, den ihr am schönsten findet, auf den Stoffbeutel. Überlegt euch vorher, welche Größe das Logo haben soll und an welche Stelle ihr es malen möchtet. Ihr könnt Farben benutzen oder auch schwarz-weiß arbeiten.

(62) Etiketten entwerfen

Einsatz: Oberstufe
Arbeitsform: Einzelarbeit
Zeit: 30 Minuten
Material: Zeichenpapier, schwarzer Fineliner, Filzstifte, Klebestift, Schere

Bringt von zuhause ein Produkt mit, dessen Etikett euch nicht gefällt.

Das kann eine Shampooflasche sein, ein Marmeladenglas, eine Dose Hundefutter, eine Limoflasche …

Überlegt zunächst, was euch nicht so gut an dem Etikett gefällt, und macht euch Notizen. Passt das Etikett nicht zum Produkt, ist die Farbwahl nicht geglückt, ist der Werbespruch darauf nicht passend?

Eure Aufgabe ist es, ein schönes neues Etikett für dieses Produkt zu gestalten. Klebt das fertige Etikett zum Schluss auf das Produkt.

(63) Ein eigenes Bestiarium

Einsatz: Mittel-, Oberstufe
Arbeitsform: Einzelarbeit
Zeit: 45 Minuten
Material: Zeichenpapier (DIN A3), Temperafarbe, Bleistift, Pinsel

Bestiarien sind mittelalterliche Tierbücher, die zur Unterhaltung dienten. In diesen Büchern gibt es neben heimischen, tatsächlich existierenden Tieren auch Fabeltiere und Monster!

Wir wollen ein eigenes kleines Bestiarium erstellen. Unterteilt euer DIN A3-Blatt in vier gleich große Bereiche. Dazu könnt ihr das Blatt Papier falten oder gleich große Kästen zeichnen. Wenn du auch die Rückseiten benutzt, hast du sogar acht Seiten.

Male nun acht Tiere, auf jede Seite eines, und benenne sie. Die Vorschläge aus der Liste helfen dir.

1) Beginne mit dem Tier, das du am besten zeichnen kannst.
2) Zeichne ein Tier, das du gar nicht zeichnen kannst! Versuche es einfach mal.
3) Zeichne ein Tier, das du gern mal treffen würdest.
4) Zeichne ein Tier, dem du niemals im Leben begegnen möchtest! Wenn das ein gefährliches Tier ist, zeichne es, wie es brüllt oder zischt!
5) Zeichne ein Reittier.
6) Zeichne ein Wassertier.
7) Zeichne das hässlichste Tier der Welt.
8) Wenn du ein Tier wärst, welches wärst du? Zeichne es.
9) Ist dein Sternzeichen ein Tier? Wenn ja, zeichne es.
10) Zeichne dein Haustier.
11) Zeichne ein Tier, das noch erfunden oder gefunden werden muss.

12) Ein Tier trägt den Namen Egon. Kannst du dir vorstellen, wie es aussieht? Zeichne es.
13) Zeichne das teuerste Tier der Welt.
14) Zeichne das niedlichste Tier der Welt.

Teil v

Exkursionen/Unterwegs

(64) Ein Logo entwerfen

Einsatz: Oberstufe
Arbeitsform: Einzelarbeit
Zeit: 45 Minuten
Material: Zeichenpapier (DIN A4), schwarzer Fineliner, Lineal, Buntstifte

Bringe von einem Spaziergang Visitenkarten aus Geschäften mit. Wenn du keine Visitenkarten siehst, frage im Geschäft nach. Restaurants, Schlüsseldienste, Physiotherapiepraxen und viele andere Geschäfte haben meistens Visitenkarten für ihre Kundinnen und Kunden vorrätig.

Gestalte ein Logo zu einer oder zwei Visitenkarten. Wenn es bereits ein Logo auf den Visitenkarten gibt, entwerfe ein neues!

Überlege dir genau, was für ein Symbol oder Logo zu dem ausgewählten Geschäft passt.

(65) Gezeichnete Künstlerbiografie

Einsatz: Oberstufe
Arbeitsform: Einzelarbeit
Zeit: 90–135 Minuten
Material: Zeichenpapier (DIN A3), Stifte nach Wahl

Besucht eine Kunstausstellung. Sammelt so viele Informationen über die Künstlerin oder den Künstler, wie ihr finden könnt. Stellt euch vor, ihr seid Journalistinnen und Journalisten und möchtet eine Reportage schreiben.

Im Klassenraum ordnet ihr euer Material. Dabei kommt es nicht auf Vollständigkeit an. Versucht, einige Punkte in der Biografie zu finden, die euch besonders interessant erscheinen, und erstellt eine Übersicht mit Zeichnungen und Beschreibungen. Benutzt grafische Zeichen wie Pfeile, Herzen, Unterstreichungen. Es soll eine visuelle Künstlerbiografie entstehen. Dabei ist es nicht wichtig, dass ihr chronologisch vorgeht.

(66) Buchstabensammler

Einsatz: Oberstufe
Arbeitsform: Einzelarbeit
Zeit: 30 Minuten
Material: Handy, Fotoapparat, weicher Bleistift, Papier, Buntstifte

Gehe in deiner Nachbarschaft spazieren. Schau dich genauer um. Wo entdeckst du überall Buchstaben? Vielleicht auf Straßenschildern oder an Geschäften? Wenn du Glück hast, findest du alte Neonschriftzüge oder Buchstaben an schmiedeeisernen Toren. Oder auf Plakaten, an Autos, auf Speisetafeln vor Cafés. Versuche, alle Buchstaben des Alphabets zu fotografieren. Du wirst staunen, wie viele unterschiedliche Schrifttypen du findest.

Zeichne die Buchstaben ab, die dir besonders gut gefallen. Bilde aus diesen Buchstaben deine Initialen oder ein Wort, das dir gefällt. Die einzelnen Buchstaben können wild gemixt werden.

(67) Fotografieren nach Farben

Einsatz: Oberstufe
Arbeitsform: Einzelarbeit
Zeit: 20 Minuten
Material: Handy, Fotoapparat

Gehe in deiner Nachbarschaft spazieren. Wo findest du überall die Farbe Blau? Fotografiere so viele blaue Sachen wie möglich. Vielleicht siehst du eine blaue Mütze, eine blaue Blume, etwas Blaues auf einem Plakat, einen blauen Rucksack?

Diese Übung kannst du natürlich auch mit anderen Farben machen. Am spannendsten ist es, wenn du dich während eines Spaziergangs nur auf eine Farbe konzentrierst. Du wirst erstaunt sein, wie sich dein Blick schult und du immer mehr blaue Sachen entdeckst.

Erste Variante:

Fotografiere runde Dinge. Das kann ein Gullydeckel sein, das Auge eines Hundes, ein architektonisches Element, ein Bagel oder ein Muster.

Zweite Variante:

Fotografiere Street Art und Graffiti. Findest du interessante Arbeiten? Worin unterscheiden sich für dich gute Arbeiten von Schmierereien?

(68) Sketch Notes

Einsatz: Oberstufe
Arbeitsform: Einzelarbeit
Zeit: 60 Minuten (zuhause)
Material: Zeichenpapier (DIN A4), schwarzer Fineliner, Buntstifte, grauer Filzstift für Schattierungen, Bleistift

Sketch Notes sind Notizen, die aus einfachen symbolhaften Zeichnungen, Texten und Strukturen bestehen. Mit Sketch Notes können komplexe Inhalte besser erfasst werden. Zum Beispiel kann man sich mithilfe von Sketch Notes besser an einen komplizierten Vortrag erinnern.

Die Aufgabe besteht darin, einen Vortrag über ein euch unbekanntes Thema als Sketch Notes festzuhalten. Bevor es losgeht, könnt ihr erst einmal ein paar einfache Elemente zeichnen, die ihr wahrscheinlich beim Aufzeichnen des Vortrags brauchen werdet, zum Beispiel: Bäume, Handy, Stift, Schere, Bücher, Wolken, Sonne, Sterne, Autos, Gesichter, Pfeile, Glühbirne, Hand, Laptop, Strichmännchen sowie verschiedene Sprechblasen und Banner.

Sucht euch im Internet einen kurzen Vortrag (zum Beispiel einen TED Talk) über ein Thema, das euch interessiert. Hört gut zu und überlegt euch bereits ein Layout für eure Seite. Stichworte könnt ihr grafisch abwechslungsreich gestalten, zum Beispiel mit Konturen, Schraffuren oder Farben. Umrandet Wörter mit Rahmen, Wolken oder Bannern. Stellt Bezüge mit Pfeilen oder Bildelementen her. Arbeitet mit Überschneidungen und verwendet Farben für Akzente. In der Klasse könnt ihr versuchen, den Vortrag anhand eurer Sketch Notes kurz für die anderen zusammenzufassen.

(69) Deine Woche als Sketch Notes

Einsatz: Oberstufe
Arbeitsform: Einzelarbeit
Zeit: je 15 Minuten an 7 Tagen
Material: Zeichenpapier (DIN A4), schwarzer Fineliner, Buntstifte, grauer Filzstift für Schattierungen, Bleistift

Für diese Übung brauchst du ein bisschen Durchhaltevermögen. An sieben Tagen nimmst du dir – am bestens abends – jeweils 15 Minuten Zeit.

Überlege, was dir an diesem Tag aufgefallen ist. Ist dir etwas Schönes passiert? Vielleicht ist gerade Sommer und ein Eis oder das Schwimmen im See haben dich glücklich gemacht. Oder bist du wütend, traurig, genervt? Finde auch dafür eine grafische Entsprechung. Erstelle für jeden Tag eine Seite mit Sketch Notes, die deinen Tag visuell zusammenfassen.

(70) Strukturen sammeln

Einsatz: Unter-, Mittel-, Oberstufe
Arbeitsform: Einzelarbeit
Zeit: 45 Minuten
Material: 10 Blankopostkarten oder zugeschnittenes Zeichenpapier (DIN A6), ein Stück Zeichenkohle oder ein weicher Bleistift, Fixier- oder Haarspray

Wenn du ein Blatt Papier auf eine strukturierte Oberfläche legst und mit Zeichenkohle oder einem weichen Bleistift auf dem Papier entlangfährst, erscheint die Struktur auf dem Papier. Diese Technik stammt aus China und heißt Frottage. Aber bekanntgemacht und weiterentwickelt hat sie der Künstler Max Ernst.

Bei dieser Übung geht es darum, viele interessante und möglichst unterschiedliche Oberflächenstrukturen zu finden und mit der Frottagetechnik auf Papier zu bringen.

Wenn du einen Gegenstand mit einer interessanten Struktur gefunden hast, legst du ein Stück Papier drauf und fährst mit einem Stück Zeichenkohle oder Kreide so lange über die Fläche des Papiers, bis die Struktur darauf sichtbar wird.

Diese Übung kann zu Hause, im Schulgebäude oder draußen stattfinden. Interessante Strukturen findest du nämlich fast überall.

Fixiere deine Strukturen, wenn du fertig bist, mit Fixier- oder mit Haarspray, damit nichts verwischt. Schaffst du es, 10 verschiedene Strukturen zu sammeln?

Beispiele für Strukturen, die sich gut abreiben / übertragen lassen:

- Struktur von Holz
- Spitzendeckchen

- gerilltes Muster eines Möbels
- Raufasertapete
- Geldstücke
- Beton (Straße)
- Yogamatte
- Geldstücke

(71) Muster sammeln

Einsatz: Oberstufe
Arbeitsform: Einzelarbeit
Zeit: 45 Minuten
Material: Handy, Fotoapparat

Gehe in deiner Nachbarschaft spazieren. Fotografiere mit deinem Handy oder Fotoapparat interessante Strukturen und Muster. Ein Hundefell zum Beispiel, eine interessante Oberfläche eines Hauses, Backsteinmuster, einen karierten Rock oder Gras. Wähle die Bildausschnitte so, dass der Gegenstand nicht ganz zu erkennen ist, sondern nur das Muster oder die Struktur.

In der Klasse könnt ihr gemeinsam raten, woher die Strukturen und Muster stammen könnten.

(72) Fundsachen

Einsatz: Oberstufe
Arbeitsform: Einzel- und Gruppenarbeit
Zeit: 45 Minuten
Material: Handy oder Digitalkamera, Tüte oder Beutel zum Transport der Gegenstände

Auf Spaziergängen kannst du tolle Sachen finden: bunte Eislöffelchen aus Plastik, schön gefärbte Blätter, Haarspangen, Kastanien und kleine Zweige, Federn oder auch einen einzelnen Handschuh.

Versuche möglichst interessante Dinge zu finden. Sammle etwa zehn Dinge in einem mitgebrachten Beutel.

Bringe deine Fundstücke mit in die Schule und breite sie dort auf einem Tisch oder dem Fußboden aus. Am besten wählst du einen einfarbigen, nicht zu unruhigen Untergrund. Schau dir deine Schätze genau an. Achte auf die Formen, das Material und die Farbe. Ordne die Fundstücke nebeneinander an, bis eine spannende Komposition entsteht.

Spiele dabei mit Kontrasten:

- klein/groß
- Farben
- Formen: rund, eckig, spitz, länglich
- Material: Holz, Plastik, Stein, Stoff

Mit dem Handy oder der Digitalkamera kannst du die fertige Komposition festhalten.

In der Gruppe könnt ihr nun alle Fundsachen gemeinsam betrachten und nach Kategorien sortieren. Kategorien können zum Beispiel Farbe oder Form sein oder die Funktion des Gegenstands (Kleidung, Schreibmaterial, Verpackung usw.).

(73) Urban Sketching

Einsatz: Mittel-, Oberstufe
Arbeitsform: Gruppenarbeit
Zeit: 45 Minuten
Material: Skizzenbuch, schwarzer Fineliner, Bleistift (Härtegrad HB), Anspitzer, Radiergummi, stabile Zeichenunterlage
Zusätzlich möglich: Waterbrush Pinsel, Wasserfarb- oder Aquarellkasten, Wachspastellstifte, Aquarellstifte oder andere Stifte zum Kolorieren.

»We show the world, one drawing at a time« (»Wir zeigen die Welt, Zeichnung für Zeichnung«), ist das Motto der Urban-Sketchers-Bewegung.* Urban Sketchers zeichnen meistens gemeinsam an Orten, die sie aus ihrem Alltag kennen. Beliebte Motive sind Gebäude, Landschaften, Personen und Stillleben. Mit schnellem Strich halten sie ihre Bilder im Skizzenbuch fest. Beim Urban Sketching können alle mitmachen. Mit der richtigen Ausrüstung und wetterfester Kleidung könnt ihr sofort loslegen.

Teilt euch in drei Gruppen auf und verlasst den Klassenraum. Jede Gruppe sucht sich draußen einen inspirierenden und belebten Ort. Findet ihr dort gemeinsam Motive, die ihr gern zeichnen würdet?

Beispiele für Motive können sein:

- Straßencafé
- Parkplatz
- Spielplatz
- Bolzplatz

* Das gesamte Manifest, bestehend aus acht Punkten, findet ihr auf der Website der Urban Sketchers: www.urbansketchers.org/p/our-manifesto.html (Stand: 27. 3. 2020).

Jetzt überlegt jeder für sich, welcher Bildausschnitt besonders spannend ist. Ihr könnt euch eine Horizontlinie und einen Fluchtpunkt anlegen, auf den alle Geraden eurer Zeichnung zulaufen. Zeichnet mit einem Bleistift oder Fineliner locker drauflos. Es kommt nicht auf Perfektion an. Ein Trick beim Urban Sketching ist das Weglassen: Dinge, die euch nicht gefallen, spart ihr einfach aus!

Wenn ihr mit eurer Zeichnung fertig seid, könnt ihr Details verstärken oder farbige Akzente setzen.

Am Ende sammelt ihr die Zeichnungen ein und jede Gruppe präsentiert ihre Ergebnisse den anderen im Klassenraum. Ihr werdet staunen, wie unterschiedlich dasselbe Motiv aussehen kann!

(74) Urban Sketching im Park oder botanischen Garten

Einsatz: Oberstufe
Arbeitsform: Einzelarbeit
Zeit: 45 Minuten
Material: Skizzenbuch (DIN A5 oder DIN A4), schwarzer Fineliner, Bleistift (Härtegrad HB), Anspitzer, Radiergummi, stabile Zeichenunterlage
Zusätzlich möglich: Waterbrush Pinsel, Wasserfarb- oder Aquarellkasten, Wachspastellstifte, Aquarellstifte oder andere Stifte zum Kolorieren.

Es gibt Orte, die so interessant und inspirierend sind, dass man sie am liebsten in allen Details zeichnen würde. Und dann ist man doch überfordert, weil man nicht weiß, wo man bloß anfangen soll …

Nimm dir dein Skizzenbuch und besuche einen botanischen Garten oder einen Park. Hier gibt es sicher unzählige Pflanzen mit Blüten in den schönsten Farben und Blättern in unterschiedlichsten Formen zu sehen. Natürlich kannst du nun eine ganze Doppelseite deines Skizzenbuchs randvoll zeichnen. Wenn dich das aber überfordert, fang mit Details an:

- Zeichne auf einer Doppelseite einzelne Blätter mit unterschiedlichen Formen.
- Gehe auf Blütenjagd! Zeichne die Blüten auf einer neuen Doppelseite.
- Im botanischen Garten oder im Park gibt es nicht nur Pflanzen. Vielleicht fällt dir eine Gießkanne auf oder Gummistiefel, ein Wasserhahn, Düngemittel usw. Zeichne eine weitere Doppelseite mit diesen Gegenständen.
- Fülle eine weitere Doppelseite mit Personen. Mache schnelle

Skizzen, halte dich nicht lange mit Details auf.
- Fülle eine weitere Doppelseite mit Pflanzen. Kombiniere verschiedene Pflanzen miteinander zu einem Muster. Es kann ein floraler Bildteppich entstehen, der die Seite komplett ausfüllt.

Tipp:

Konzentriere dich zunächst auf die Formen. Ein Fineliner oder schwarzer Filzstift eignet sich besonders gut. Koloriere erst, wenn du die Umrisse gezeichnet hast.

(75) Urban Sketching im Café

Einsatz: Mittel-, Oberstufe
Arbeitsform: Einzelarbeit
Zeit: 30 Minuten
Material: Skizzenbuch (DIN A5 oder DIN A4), schwarzer Fineliner, Bleistift (Härtegrad HB), Anspitzer, Radiergummi, stabile Zeichenunterlage
Zusätzlich möglich: Waterbrush Pinsel, Wasserfarb- oder Aquarellkasten, Wachspastellstifte, Aquarellstifte oder andere Stifte zum Kolorieren.

Gehe in ein Café und suche dir einen Platz, von dem aus du gut beobachten kannst. Beobachte die Menschen und das Treiben um dich herum.

Auch dieses Mal geht es nicht darum, eine ganze Szene zu skizzieren. Wir wollen das Augenmerk auf Details lenken:

- Schau dir die Menschen im Café an. Wie viele tragen ein T-Shirt? Zeichne die interessantesten T-Shirts (ohne die Menschen) auf eine Seite deines Skizzenbuchs.
- Wie viele verschiedene Frisuren entdeckst du? Zeichne nur die Frisuren (mit oder ohne den Köpfen) auf eine weitere Seite deines Skizzenbuchs.
- Entdeckst du Dinge, die rot sind? Eine rote Mütze, rote Fingernägel, Lippen oder rote Haare? Einen Rote-Beete-Salat? Zeichne auch diese Dinge auf eine eigene Seite deines Skizzenbuchs.

Fülle weitere Seiten deines Skizzenbuchs mit folgenden Dingen:

- Dinge in anderen Farben (blaue, gelbe, grüne usw.)
- gemusterte Dinge (gepunktet, gestreift, kariert)

- Taschen
- Schuhe
- Brillen
- …

(76) Ein Mini-Herbarium gestalten

Einsatz: Unter-, Mittel-, Oberstufe
Arbeitsform: Einzelarbeit
Zeit: 45 Minuten
Material: Streichholzschachtel, Temperafarbe, Pinsel, Klebestift, Bleistift

Ein Herbarium ist eine Sammlung getrockneter Pflanzen. Vielleicht habt ihr auch schon einmal Blumen oder Blätter gesammelt und getrocknet?

In dieser Übung wollen wir ein Mini-Herbarium aus Streichholzschachteln bauen.

Ihr benötigt: eine Streichholzschachtel, Temperafarben und etwas Kleines aus der Natur, das in die Streichholzschachtel passt, zum Beispiel einen winzigen Zweig, eine getrocknete Blüte, ein Schneckenhaus, Samen, eine Feder, ein Stückchen von einem Vogelei oder Nest, ein Stück Moos oder ein paar Gräser, ein Stück Rinde oder einen Wildschweinzahn.

Legt euren Fund vor euch hin. Später klebt ihr ihn in die Streichholzschachtel, doch vorher soll die Schachtel noch gestaltet werden! Auf die Außenseite könnt ihr ein passendes Motiv malen. Zum Beispiel passt ein Vogel gut auf eine Schachtel, wenn ihr eine Feder gefunden habt. Betrachtet euren Fund wie einen kleinen Schatz, den ihr in einem schönen Kästchen aufbewahren möchtet. Gestaltet auch die Rückseite und die Seiten des Kästchens. Ein Herbarium kann natürlich auch beschriftet werden …

Variante:

Beim Spaziergang kannst du auch andere Sachen finden: zum Beispiel Münzen, Kronkorken, glänzendes Bonbonpapier, Haarspangen oder einen einzelnen Ohrring. Tue so, als ob diese Dinge wertvolle Schätze sind, und gestalte eine Streichholzschachtel dafür.

(77) Alle Flaschen im Haus

Einsatz: Unter-, Mittel-, Oberstufe
Arbeitsform: Einzelarbeit
Material: Zeichenpapier (DIN A3), schwarzer Fineliner, Filzstifte

In dieser Aufgabe beschäftigen wir uns mit unterschiedlichen Formen. Der italienische Maler Giorgio Morandi (1890–1964) hat sein Leben lang Stillleben mit einfachen Gegenständen wie Flaschen und Vasen gemalt. Langweilig wurde ihm jedoch nicht. Die unterschiedlichen Formen und Farben der Flaschen blieben reizvoll für ihn.

In unserer Übung konzentrieren wir uns ebenfalls auf Formen. Zeichne alle Flaschen, die du zu Hause finden kannst, mit einem Fineliner. Du kannst auch erst einmal alle Flaschen fotografieren und später von den Fotos abzeichnen.

Nimm dir Zeit, alle Flaschen zusammenzusuchen. Du wirst erstaunt sein, wie viele unterschiedliche Flaschen es im Haushalt gibt. In der Küche findest du wahrscheinlich Saftflaschen oder Flaschen für Essig und Öl, Bier- und Weinflaschen. Im Bad Parfümflaschen, Sprühflaschen für Putzmittel, Mundwasser- und Shampooflaschen. In der Garage könntest du vielleicht eine kleine Flasche für Fahrradöl finden.

Besonders schön ist es, Flaschen mit besonderen Formen zu finden. Bauchige Flaschen und schmale Flaschen mit langen Hälsen. Zeichne zunächst nur die Umrisse mit einem Fineliner und erst einmal keine Details wie Schilder oder Beschriftungen. Mache zwei Fotokopien der Zeichnung.

Kopie Nr. 1:

Fülle alle Flaschenzeichnungen flächig mit schwarzer Farbe aus. Die Flaschen sind nun schwarz und stehen vor weißem Hintergrund.

Kopie Nr. 2:

Färbe den Hintergrund mit schwarzer Farbe ein, so dass alle Flaschen weiß bleiben. Du kannst nun Details wie Schilder und Schriften mit einem Fineliner einzeichnen.

Am Ende hast du drei verschiedene Zeichnungen. Du kannst die Übungen auch mit anderen Objekten machen. Wichtig ist, dass du schöne Formen findest, die sich ein bisschen voneinander unterscheiden.

Materialliste zum künstlerischen Arbeiten

Für die meisten Übungen in diesem Buch braucht man nicht viel: Papier, Bleistift, schwarzen Fineliner, Anspitzer, Radiergummi, Farbstifte oder Wasserfarben reichen aus. Zeichenpapiere aus dem Künstlerbedarf haben eine mehr oder weniger strukturierte (offene) Oberfläche, auf der es sich gut arbeiten lässt. Glänzende Papiere eignen sich nicht so gut.

- Zeichenpapier im DIN A2-Format (kann auf alle kleineren Formate zurechtgeschnitten werden)
- schwarzer, wasserfester Fineliner in guter Qualität (ideal: 0,5 mm)
- Filzstifte in vielen Farben
- Buntstifte in vielen Farben
- Wasserfarbe oder Aquarellfarbe
- Pinsel
- Bleistifte in verschiedenen Härtegraden (zum Beispiel HB, B, 5B)
- Anspitzer
- guter Radiergummi
- Lineal
- Ölpastellkreide
- Temperafarbe
- Schere
- Klebeband
- Klebestift
- Skizzenbuch (DIN A4 oder DIN A5)
- Cutter
- Pappe
- Marker oder dicke Filzstifte
- Blankopostkarten oder im DIN-A6-Format zugeschnittenes Zeichenpapier

- festes Zeichenpapier (ca. 200 g)
- weiße Klebezettel
- Kreidestifte
- schwarze Tusche
- Servietten
- Kugelschreiber
- Fixier- oder Haarspray

Zusätzlich:

- Zeichenkohle
- Aquarellpapier
- Buntpapier
- Skizzenheft oder Skizzenbuch (gute Papierqualität)
- Waterbrush (nachfüllbarer Pinselstift)
- Wachspastellstifte
- Aquarellstifte
- lange Stöcke oder Holzkochlöffel
- Sack oder Jutebeutel
- Papierrolle (Tapete)
- Streichholzschachteln
- ausgedientes Buch
- alte Zeitschriften
- Tacker oder Nadel und Faden
- Stoppuhr
- Spiegel
- Kamera
- MP3-Player
- Kiste
- Beutel mit Gegenständen
- Tuch (zum Verbinden der Augen)
- stabile Zeichenunterlage
- Fotos mit Tiermotiven

- Fotokopien von Leonardo Da Vincis Skizzen zu techischen Apparaten
- Fotokopien von Leonardo da Vincis *Mona Lisa*

Die im Buch erwähnten DIN-Formate im Überblick:

- DIN A6: 10,5 × 14,8 cm
- DIN A5: 14,8 × 21,0 cm
- DIN A4: 21,0 × 29,7 cm
- DIN A3: 29,7 × 42,0 cm
- DIN A2: 42,0 × 59,4 cm

Literaturhinweise

Bauer, Jutta / Katja Spitzer (Hrsg.): Das Beste von Allem. Hamburg 2015.

Bergmann, Roberta: Kopf frei für den kreativen Flow. Übungen, Impulse und Rezepte. Bern 2018.

Biermann, Franziska: Das Glücksbuch. Hamburg 2002.

Boldt, Claudia / Eleonor Meredith: Think and Make Like an Artist. Art Activities For Creative Kids. London 2017.

Cassidy, John [u. a.]: Zeichnen für verkannte Künstler. München 2010.

Deuchars, Marion: Kritzeln, zeichnen, Kunst entdecken. Let's Make some Great Art. Köln 2015.

Jenny, Peter: Anleitung zum falsch Zeichnen. Mainz 2017.

Kalman, Maira: What Pete ate from A–Z. New York 2001.

Kleon, Austin: Alles nur geklaut. 10 Wege zum kreativen Durchbruch. München 2013.

– Gib nicht auf! 10 Wege für mehr Kreativität an guten und schlechten Tagen. München 2020. [Originaltitel: Keep Going. 10 Ways to Stay Creative in Good Times and Bad.]

Knorre, Alexander von [u. a.] (Hrsg.): Zeich Mal! Die große Mal- und Zeichenschule. Stuttgart 2014.

Niemann, Christoph: Abstract City. Mein Leben unterm Strich. München 2012.

– Sunday Sketching. München 2016.

Rissler, Albrecht: Zeichnen. Tipps für Kreative. Heidelberg 2015.

Rodari, Gianni: Grammatik der Phantasie. Die Kunst, Geschichten zu erfinden. Stuttgart 2008.

Rothman, Julia / Lea Goren / Rachael Cole: Ladies Drawing Night. Make Art, Get Inspired, Join the Party. San Francisco 2016.

Scheinberger, Felix: Mut zum Skizzenbuch. Zeichnen und Skizzieren unterwegs. Mainz 2009.

Smith, Keri: Wie man sich die Welt erlebt. Das Alltags-Museum zum Mitnehmen. München 2011.

– Sachensucher. München 2014.

Sperber, Annabelle von: Assoziatives Zeichnen. Mach was draus! München 2017.

Ungerer, Tomi: Schnipp Schnapp oder wer ist was? Zürich 1989.
Tullet, Hervé: Art Workshops for Children. London 2015.
Wiedermeyer, Nina / Friederike Holländer (Hrsg.): Original Bauhaus Übungsbuch. München 2019.

Zur Autorin

Katja Spitzer wurde 1979 in Zerbst geboren. Sie studierte Kunstgeschichte und Geschichte in Halle sowie Illustration in Leipzig und Luzern. Heute arbeitet sie als Illustratorin im Atelier petit 4 im Prenzlauer Berg an Bilderbüchern, Buchcovern und Zeitschriftenillustrationen. Außerdem schreibt und illustriert sie eigene Bücher. Zusammen mit Jutta Bauer gab sie 2016 das Buch *Das Beste von Allem* im Aladin Verlag heraus. Katja Spitzer lehrt an der Akademie für Illustration und Design in Berlin (AID) und gibt Workshops für Kinder und Erwachsene auf der ganzen Welt.

Dank

Ich danke Jutta Bauer für Motivation, Inspiration und Kritik. Meinen Kolleginnen und Kollegen, insbesondere Franziska Ludwig, Annabelle von Sperber, Britta Teckentrup, Bianca Schaalburg, Sarah Wildeisen, Nina Petrick und Roberta Schneider, die mir von einer oder mehreren Übungen erzählt haben. Es gibt einen reichen Schatz an Übungen, die sich im Laufe der Zeit bewährt haben und in immer neuen Variationen zum Einsatz kommen. Auch ich habe mich davon inspirieren lassen und einige dieser Ideen in abgewandelter Form hier aufgenommen.

Den Studierenden und den Kolleginnen und Kollegen der Akademie für Illustration und Design in Berlin, den Teilnehmerinnen und Teilnehmern meiner Workshops in Bologna, Temeswar, Hermannstadt, Colombo, Bozen, Berlin, Hamburg, Dresden, Cottbus, Rehfelde und Zerbst. Meinen Professoren Volker Pfüller und Thomas Matthaeus Müller für den wöchentlichen Workshop »Eintagsfliege« während meines Studiums. Jesus Cisneros für seinen perfekten Workshop. Sebastian Gievert.